> また会いたくなる

サービスと接客の極意

飲食店の接客コンテスト
第4回「S1サーバーグランプリ」優勝

布施 知浩

イラスト／黒住 明古

〜サーバー*はお客様の幸せの一端を担う仕事〜

＊「サーバー」＝server、「接客担当者」のこと。欧米では古くからこのように呼ばれてきた。この本では、この職業のことを「サーバー」で統一する。

「将来、お兄さんみたいになりたい！」

最近、僕がお客様からいただいた心に響いたうれしい言葉です。

ご家族でご来店されるお客様が多くいらっしゃる店で働いているときに、小学校1、2年生くらいの男の子に言われました。

そう言うと、お母さんらしき方が

「何でー？」

と、ちょっと困ったような感じで聞いていました。

すると男の子は、

「だってずーっと楽しそうだし、みんな（そのご家族）を笑わせてくれるから！」

と言いました。

楽しそうに意気揚々と働いていて、お客様を喜ばせようとしている姿を見て、そう言ってくれたみたいです。

僕はサーバーという「人（お客様）を喜ばせる仕事」を誇りに思っ

ているし、だから仕事にも自然と力が入って、誰よりも仕事を楽しんでいられるんだと思います。
　そんな僕らの行動一つで、お客様のテーブルに明るい花を咲かせることができるんです。

　飲食店は全国に約75万店あります。お客様からすると僕らは、その中の、いち店の、いちサーバーでしかありませんが、そんな僕らでも子供たちの「憧れの大人」になれる、ということを気付かせてくれました。
　人を喜ばせることに特化したこの仕事の素晴らしさを伝えていくことは、現場で働く僕らにしかできないと思います。

　暗いニュースが飛び交う昨今、お客様の外食に掛けるお金はどんどん減ってきています。そんな中でも、外食に来てくださったお客様の大切な時間を、「晴れ」にするのも「雨」にするのも僕らサーバーにかかわっています。
　僕らがこの仕事を楽しめばその場は「晴れ」に必ずすることができます。

　僕は以前、お客様にこのように聞かれたことがあります。

「毎日同じような仕事をしていて面白いの？
働く時間も長そうだし……」

　僕はとっさに、

「この仕事ほどやりがいがあるものはないって思っていますよ！」

と答えました。
するとお客様は驚いた表情とともにこう言いました。

「えー本当？　俺も昔居酒屋でアルバイトしていたけど毎日おんなじで退屈だったけどなー」

そこで僕は、

「退屈どころか10秒、20秒単位で周りの状況が変わって、お客様からリアルタイムで評価をいただける刺激的な仕事だと思っていますよ！」

と答えました。
このお客様とのやりとりから、その後あらためて考えました。
サーバーの仕事ってなんだろう？
出来上がった料理を運ぶことだろうか。
「いらっしゃいませ」「ありがとうございます」とお客様に言うことだろうか。
追加のお薦めをすることだろうか……。
いいえ、目の前の仕事で収まらないのがサーバーです。
自分の持つ能力・感性をフルに使い、ときに主役で、ときに黒子となり、その場一瞬の空気を読み取ってお客様に喜んでいただき、「いい時間を過ごせた」という幸せの一端を担うことがサーバーの仕事です。

目の前の一つの作業・行動に左右されることなく、目の前のお客様

に「喜んでいただくこと」を感じ、そこから「喜んでもらえた」という「喜び」が自分の心の奥底からフツフツと生まれてきます。こんな楽しい仕事は他にはありません。

　人を喜ばせることは、生きていく上で一番すてきな自分になっている瞬間だと思うんです。
　その純粋な感情で行動できることを楽しく思い、お客様の幸せな時間の一端を担っているということに喜びを感じられる人であれば、誰でもすてきなサーバーになれます。

「サービスと接客をすることは楽しい」
「人に喜んでもらえたことがうれしい」

　このような感覚を、たくさんの人が持てるような環境をつくり上げることが僕の夢です。

また会いたくなるサービスと接客の極意 ●目次●

はじめに ～サーバーはお客様の幸せの一端を担う仕事～ ……… 2

第1章 接客の仕事は人間性を磨く ……… 11

「24時間サーバー」になろう ……… 12
人を喜ばせることは、人を好きになること ……… 12
お客様を喜ばせることは「for you（あなたのために）」 ……… 14
「迷路理論」で前向きに迷う ……… 15
「for you」によって、思いやりが持てる人になる ……… 16
店で商品（料理）をつくっているから心を込めてお薦めできる ……… 17
新人教育の基礎は社会のマナーを教えること ……… 19
新人は少しずつ努力を重ねて先輩の期待を超えよう ……… 20

第2章 接客の仕事で成長するための条件 ……… 23

ステップアップすべき能力を示す「サーバーピラミッド」 ……… 24
トップクラスのサーバーになる「4ステップ」 ……… 30
●ステップ1　サーバーとしての感性・知識を学ぶ ……… 32
●ステップ2　お客様にとっての「安心感」を心掛ける ……… 34
●ステップ3　自分のキャラクターを確立する ……… 36
●ステップ4　「あなたに会いに来たよ！」という存在になる ……… 38
個人のスキルをアップさせる「5フロー」 ……… 40
サービスはチェーン（鎖）でつながっていく ……… 43
「5秒間」でお客様の心をつかむ～ファーストインプレッションの重要性～ ……… 44
一度「不満」になったら、なかなか「満足」してくれない ……… 48

第3章 接客の仕事はチームプレー …… 51

1人で接客をするのではなく「サーバーチーム」をつくろう …… 52
店とともに働く仲間に感謝しよう …… 53
「自己満足の接客」は、お客様からもスタッフからも嫌われる …… 53
チーム全員で共通認識を持とう …… 55
全員で必ず行う「100%サービス」…… 56
店のブランドは「接客サービス」と「商品知識」でつくられる …… 59
「ちょっと心地よい」の積み重ね …… 61
100%サービスはチーム全員が主役 …… 63
何事も心を込めて行えば、お客様に「感動」をもたらす …… 64

第4章 サービスストーリーとロールプレーイング …… 67

「サービスストーリー」の一つ一つを明確にする …… 68
練習なくして本番での成功なし …… 69
ロールプレーイングの成果と注意点 …… 70
個人でスキルアップを図るトレーニング …… 76

第5章 サービスストーリーを明確にしよう …… 79

1. 電話対応
　出るスピードと声だけで空気感と安心感を伝えよう …… 80
　ミスが生じないように復唱する …… 82

2. お出迎え
　ご来店の認知を大切に
　久しぶりに「旧友に会う心」でお出迎えする …… 84
　Waitingのお客様への対応 …… 87

3. お席へのご案内
「アチラです」とは絶対に言わない …………… 90
お客様の表情を見逃さない …………… 92
お客様に圧迫感を与えない …………… 94

4. お席でのファーストアプローチ（店全体の説明、メニューの説明）
ご案内する前にお席を「健全な状態」に保つ …………… 95
「心を込めた一言」であいさつをする …………… 96
「どのようなお客様か」を共有する …………… 97
おしぼりは「場の空気」をつくる …………… 98

5. メニューの説明
初めてのお客様には店の全体像を紹介する（MAPの法則）…………… 100

6. ファーストオーダー受け
今お客様は何を望んでいるかを把握する …………… 102
「お薦め」の説明をするときに注意すること …………… 104
料理の内容と味を具体的に説明する …………… 105
フードメニューのファーストオーダー …………… 106
最適な「オウム復唱」の仕方 …………… 108

7. オーダー商品のご提供
常に気配り、目配りを心掛ける …………… 110
商品（料理）を引き立てる2つの鮮度 …………… 116

8. 中間サービス
さまざまなケースを想定してルールをつくる …………… 118
お客様に気配りをして「サイン」を見逃さない …………… 119
お客様のテーブルの上で行わない …………… 121

9. お会計
ご注文の内容を確認する最後のチャンス …………… 124
小銭、お札を渡す順番、お札をそろえる向きにも注意 …………… 127

お会計が立て込んできたら、おおよその待ち時間を伝える………128

10. お見送り
　　明日、誰かに言いたくなるような……………130
　　お見送りのシーンは、お客様以外の人も見ている………132

11. バッシング
　　片付けをしているときも格好よく見えることを心掛ける………133

12. お礼状〜終わらない喜びをつくるために〜
　　お客様に自分の店を思い出してもらう仕組み………135
　　お礼の熱意はお客様にストレートに伝わる………137

第6章 僕の「秘密の感動ネタ」………139

(1) 情熱のおしぼり………140
(2) グループ客の部下の人が
　　ドリンクを追加オーダーしたい空気を読む………141
(3) グラスの傾き加減で、追加オーダーのタイミングを予測する………142
(4) 「とりあえずビール」を1秒で提供する技………143
(5) 箸が落ちた音で、新しい箸を用意する………144
(6) 一歩深く「心が伝わる」ウエルカムカード………144
(7) 背筋を伸ばせば安心感をもたらす………145
(8) お客様との共通点で親近感を抱いていただく………145
(9) 声の大きいお客様がいらっしゃったら……………146
(10) 折り畳み傘のお客様へのサービス………147
(11) 「NO」と言わない、ただし「BEST」を紹介する………147
(12) ラストオーダー後にお客様がご来店されたら……………148
(13) 閉店後にお客様がご来店されたら……………149
(14) 「この料理まずい!」と言われたら……………149

⑮ ジョッキの取っ手の向きの置き方 ……………… *150*
⑯ グラスは「下を持って、上に受け取る」……………… *151*
⑰ カップル、ご接待の「お会計」は素早く ……………… *152*
⑱ オーダーされていないのに
　「○○がまだ来ない」と言われたら…… ……………… *153*
⑲ 会話の中に第三者を登場させてお客様を褒める ……………… *154*
⑳ ご宴会様の満足度をとことん上げる方法 ……………… *154*

おわりに～僕をサーバーのプロに導いてくれた
　　「S1サーバーグランプリ」に感謝～ ……………… *159*

第1章 接客の仕事は人間性を磨く

「24時間サーバー」になろう

「24時間サーバーでいる」ということを、僕は常に念頭に入れています。

サーバーという仕事は、目の前のお客様を喜ばせることです。店の中だけでなく、店を離れてからも目の前にいる人を喜ばせる存在です。

人を喜ばせることがうれしいという気持ちは誰でもが持ち合わせていることです。

皆さんは子供の頃に、学校で何かの賞をもらって、親に賞状を見せたとき、親が大変喜んでくれたという経験はありませんか。その喜んでくれる姿を見ている自分もうれしくなりませんでしたか。

サーバーとしての心得はその気持ちが基本です。仕事だけではなくて、家族だったり、友人だったり、近所の人だったり、自分の周りのすべての人に喜んでもらえたらすべてがHAPPYになれます。

人を喜ばせることは、ちょっと気恥ずかしいことかもしれませんが、それがどんなに心地よいことでその場その場を楽しくさせるものか、やってみれば必ずわかります。

サーバーという仕事を通して「人を喜ばせること」を数多く経験することによって、人間性が磨かれていきます。

人を喜ばせることは、人を好きになること

サーバーの仕事が人間性を磨くという点で、まず述べておきたいことは「人を好きになれる」ということです。

自分が生きていく中で大切なのは、周りの人があってこその自分と

いうことです。誰もが１人では生きていけないということは頭の中ではわかっています。自分１人ではお金は手に入らないし、食べることもできません。

人生は楽しく過ごしていきたいものです。そのためには人が大切なのです。

あなたが周りにいる人みんなを好きになれたら、絶対いい時間を過ごせるはずです。生活が苦しくなっても、周りに好きな人たちが集まっていたらそれだけで幸せだと思います。

逆もしかりです。どんなに裕福でも、周りにいる人を好きになれなかったらとても寂しいことです。

どっちの人生がいいかと考えたら、前者の方に決まっています。

サーバーの仕事でお客様を喜ばせること（要するに人を喜ばせること）をたくさんしていくと、人が喜ぶ心地よいポイントがわかるようになります。人を喜ばせるアクションを起こして、それに何度もチャレンジして体感し、その中で自分のスタンスを見つけていきましょう。

しかしながら、十人十色という言葉もある通り、人の喜ぶポイントはさまざまです。ですから「こうしたら人は喜ぶ」という明確な答えは存在しません。

たくさんの人に喜びを伝えていこうと思ってやり続けると、自分の中に「これが自分が大切にしていくものだ！」というコアなものが見えてきます。

それはお客様から「愛嬌いいねー」とか「話し方が心地いいねー」のように言っていただけることもありますし、「こうやったらお客様が喜んでくれる確率が高い」と自分で気付くこともあります。それをと

ことん大切にしてください。

　自分が大切にしていくものは、人と違ってもいいのです。ただし、基本的なマナーとか言葉遣いとかはしっかりと守らなければなりません。それは人付き合いの基本です。

　お客様を喜ばせるポイントがわかってくると、ある感情が芽生えてきます。それは「人にいいことをすると、自分も心地いいなあ」ということです。この感情が大切です。

　それをやり続けると、自分の周りにいい環境が出来上がっていきます。

　そうして「本当に人って大切だな」「人って温かいな」と思えるようになります。そしていつでもフルパフォーマンスをしましょう。余力を残すようなことをしていたらお客様に見破られます。

お客様を喜ばせることは「for you（あなたのために）」

　最初は、店のスタッフ対お客様であった関係が、いつの間にか人対人の関係に変わります。そこにまた新しい気付きがあり、感性が磨かれていきます。

　しかしながら、フルパフォーマンスを継続していると自己満足に陥りがちです。僕も実際そうでした。

　「よっしゃー！　お客様を喜ばせた！」と思ってもいいのですが、「それって本当にお客様喜んでいる？」「自分だけの満足で終わってないか？」と自分自身に問い掛けてください。

　そこで、ちょっとでも自己満足だったと気付く部分があったら、あ

なた以上にお客様は敏感に感じています。

「気持ちはうれしいけど、ちょっとね……」という感じです。

そこをしっかりと見抜くためにはお客様の表情を見ましょう。何となくテーブル全体を見るのではなくて、表情を見ましょう。しかし、見過ぎたら駄目です。お客様は気持ち悪く感じてしまいます。

お客様が男性でサーバーも男性だったら目が合うと気まずいし、女性サーバーがカップルのお客様の男性の方を見つめ過ぎていると、カップルの女性の方は気分を害してしまいます。

大切なのは、「for me（自分のために）」ではなく「for you（あなたのために）」という心構えです。

自分のためではなくて、目の前の人のために。自分のアンテナを高くして、目の前の人は今何を望んでいるかを感じ取りましょう。

しかしながら、「for you」を実践し続けても、なかなかすぐに結果は出てきません。

「迷路理論」で前向きに迷う

たくさんのサーバーが「結果が出ない」と迷います。そういうときは「迷路の考え」を大切にしましょう。

迷うということは迷路のようなものです。

僕は子供の頃に巨大迷路に行きました。前の職場の社員旅行でも巨大迷路に行きました。迷路は楽しいです。迷う路（道）なのに。

迷路がなぜ楽しいかというと「よっしゃー！　絶対に早い時間でゴールしてやるっ！」と思うからです。迷路には必ずゴールがあって、「〇分で絶対にゴールする！」と自分で決めて臨んでいるのです。だか

ら楽しいのです。

　ゴールがないと人は不安になります。マラソンの競技でゴールが決まっていなかったら、どこに向かって走ればいいかわかりません。明確なゴールがあるから人は動くことができるのです。僕はこれを「迷路理論」と呼んでいます。

　ですから、「for you」の心構えで行動するときは自分なりのゴールを決めましょう。

　それは「期間」でもいいです。「3カ月間で for you の人になる！」という具合です。それぞれ自分自身でゴールを探してみましょう。

「for you」によって思いやりが持てる人になる

　理想の「for you」の心構えは、マザー・テレサの教えにある「見返りを求めるのではなくて、ただ与え続けることでいい」ということだと思います。

　このような「for you」の心構えを実践していくと、相手の気持ちがどんどんわかる人になっていきます。「人への思いやりが持てる人」ということです。いつの間にか、あなたの感受性が磨かれています。

　例えば、入店後すぐのお客様に「お水ください」と言われたらどうしますか。

　「お水ですね」と言って、スピーディに水を提供します。

　「お水ではなく、さゆになさいますか？」（お客様がかばんから薬を取り出すのが見えたから）と言って、お客様から言われたどちらかを

提供します。

　確かに前者の方は間違いではありませんが、より思いやりの気持ちがあるのはどちらでしょうか。後者に決まっています。

　相手を思いやる気持ちを身に付けたら、相手の行動一つからより一歩進んだことができるのです。

　気になることがあったら、お客様に質問してもいいんです。

　お客様を思っての前向きな質問はお客様も嫌がりません。もちろん、質問せずにお客様の潜在欲求をくみ取る力も大切なのは言うまでもありません。そのくみ取る力は経験でしか養うことはできないんです。

　サーバーとして相手を思いやる瞬間は、店の営業中だけではありません。

　店の準備中には仲間がいます。学校にいたら友人がいます。家にいたら家族がいます。そういった身近な人を喜ばせることができる人になりましょう。

　これが「24時間サーバー」です。この心構えを大切にしていきましょう。

店で商品（料理）をつくっているから心を込めてお薦めできる

　接客サービスの最も素晴らしいところは「目の前に消費者がいること」です。

　さらに飲食業の場合は「目の前に消費者がいて、その消費の瞬間に立ち会える」ということです。

例えば、優秀な車のディーラーがお客様から「A君が言うなら、安心して新車を頼めるよ。いつもありがとう！」という具合に、とても顧客満足度が高く信頼されているとしても、そのお客様が納車された次の休日に、家族みんなでドライブに行くときの瞬間には立ち会うことは難しいのです。
　百貨店の化粧品売場でどんなに有能な販売員であっても、その化粧品を買った方が、その化粧品でお化粧をして、デートのときに恋人に見せる最高の笑顔を見ることは難しいのです。
　ですから、飲食業だからこそ味わうことができる、お客様とのリアルな心の接点を大切にしましょう。
　飲食店は製造業とサービス業を兼ね備えています。もちろん、これは他の業種を否定しているわけではありません。
　仕入れをして加工（仕込み）をし、商品の注文を受けたら生産（製造）、そして納品（提供）をし、消費をしてもらう（お客様が召し上がる）。そして代金をいただいて、片付けをする。こんな具合に、店の中に製造、サービス、消費というすべてが含まれているからこそ、一貫したストーリーを感じることができます。
　こういうことによって、商品に対して愛着を持ってお客様にお薦めできるのが飲食店の素晴らしさです。
　どこでつくられたかわからない商品を「心を込めてお客様に提供しよう！」と言ってもなかなか気持ちは入りません。
　出汁巻き玉子がいい例です。
　注文をいただいてからつくる出汁巻き玉子には「今つくりたてでふわふわだ。しかも仲間がつくった商品だし、お客様に温かいうちに召し上がってもらおう！」という気持ちが入ります。しかしながら出来

合いのものだとそこまで気持ちは入りません。

　せっかく、製造業からサービス業まですべてを網羅した飲食店にいるのですから、その醍醐味をしっかりかみしめながら接客サービスをしましょう。

　飲食店に勤めている人から「サーバーとして必要な要素はありますか？」と聞かれることがあります。
　こういう質問の背景には「新人を面接する際に、合否を決める一つの指針として参考にしたいから」ということがあるようです。
　そして僕はこう答えます。
「サーバーとして必要な要素というものはありません」
　誰でも、すてきなサーバーになれます。
　そこで、素晴らしいサーバーとなるためにどのようにステップアップしていくのか、僕の考えを述べます。

新人教育の基礎は 社会のマナーを教えること

　どんなに優れたサーバーでも、最初は誰でも素人でした。
　これはどの世界でも同じです。スポーツの世界で今輝いているアスリートも、最初は道具の使い方もわからない状態からスタートしています。そしてトレーニングに没頭する期間があります。
　しかしながら、飲食業のサーバーの場合、たとえそれまで未経験であっても、サーバーを志した瞬間からいつも目の前にお客様がいます。ですから、社会のマナーを知っていることが必要不可欠になります。

店の現場では、初めて社会に出て仕事をする人や高校生も働いています。そういう人に社会のマナーを教えることは必要最低限のことです。それは店側が雇用したスタッフに最初にできる貢献です。
　それにもかかわらず、現場の先輩がまだ社会のマナーをわかっていない新人のメンバーの行動に対して「なぜそんなことをしたの？」ときつく詰問していくことがあるようです。
　これは部活動に例えれば、練習もしたことがない新入部員をいきなり公式戦に出場させるようなものです。これではお互いにつらくなっていくだけです。
　このようにならないようにＯｆｆ-ＪＴ*をきちんと行いましょう。確かに、Ｏｆｆ-ＪＴの時間を取ることは忙しい店にとっては非常に労力とお金が掛かります。しかしながら、Ｏｆｆ-ＪＴをすることによって離職率は低下し、従業員満足度は向上します。なぜなら全員が同じ判断基準を持って働くことができるからです。

＊「Off-JT」＝「Off the Job Training」の略称。社外での研修などによる、技術や業務遂行能力に関するトレーニングのこと。実務経験を積む職場から離れ、外部の講師などからのトレーニングを受ける。実務的なことではなく、一般化された技能や知識についての研修を行う。

新人は少しずつ努力を重ねて先輩の期待を超えよう

　初めてサーバーとして働くことは緊張の連続です。多くのサーバーが最初に味わったように。
　私も最初にホールの仕事をしたとき、緊張の連続で商品名を覚えることで精いっぱいでした。

「生搾りグレープフルーツサワーです。よろしければここでグレープフルーツをお搾りしましょうか？」とお客様に伺うところを「生搾りグレープサワーです。よろしければここでお搾りしませんか？」と言うありさまでした。

グレープフルーツはグレープに変わり、「お搾りしましょうか？」は「一緒に搾りませんか？」のようなニュアンスになってしまいました。今でもあの緊張感は忘れられません。

誰でも最初は緊張します。ですから訓練は必要です。私もその後しっかりメニュー名をメモし、仕事以外の時間で覚えるようにしました。メニュー名を覚えるのは仕事をする上で何よりも大切なことを、そこで学びました。

当然ですが、新人メンバーはより多くのことを一気に学ばなければなりません。

サーバーは本来、一通りのことができるようになってからお客様の前に立つのが通常です。

ホールに出て代金をいただくお客様の前に立つということは「プロ」でなければなりません。逆の視点から見ると、飲食店というサービス業ではプロの仕事を新人からすぐに実践させてもらえる環境があります。

大変なことですが、素晴らしいことです。

店の教育担当者は新人の成長を信じているからホールに立たせています。新人としては戸惑いがありますが、その期待を超えていくことが楽しいに決まっています。

そうすると「○○君は、ホールに出てまだ数日なのに、いろいろ覚えてこんなに仕事ができるなんてすごいね」と言われることでしょう。

これほど有意義なことはありません。
　新人メンバーにとって最初は大変ですが、少しずつ努力を重ねましょう。そして先輩たちの期待を超えていきましょう。

第2章 接客の仕事で成長するための条件

ステップアップすべき能力を示す「サーバーピラミッド」

「サーバーとして成長するために、何から勉強していけばいいのか？」

この質問に明確に答えることは難しくかつ教えにくいものです。

僕は、それをわかりやすくするために、サーバーにとって必要なスキル・能力・環境などを体系化した**「サーバーピラミッド」（図表①）**を考えました。

サーバーの能力としてステップアップしていく内容を大きく３つの

図表①　「サーバーピラミッド」

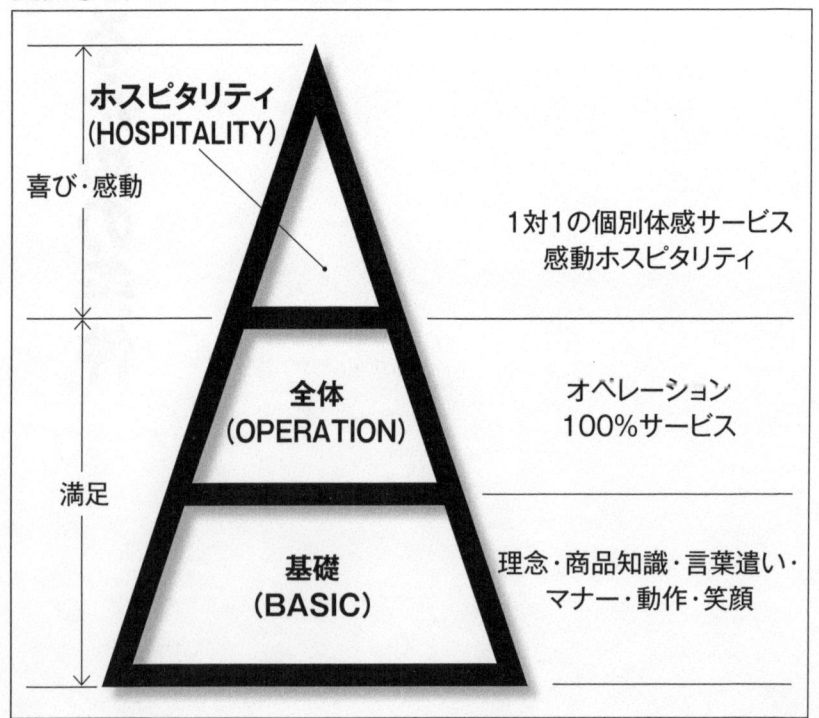

階層に分けました。

　一番下から、【基礎】【全体（オペレーション）】【ホスピタリティ】です。このピラミッドの総面積が「お客様満足度」そのものになります。

　まずは【基礎】と【全体（オペレーション）】でお客様に「満足」を提供し、【ホスピタリティ】で「喜び・感動」を届けます。もちろん中層の【全体（オペレーション）】の中に「喜び・感動」が組み込まれることもあります。

　「喜び・感動」をお客様が感じることで、お客様は店に対するロイヤルティを感じ、「また来たい！」となるのです。

　僕は知人からこんなことを聞いたことがあります。

　あるレストランに食事に行ったところ、その日そのレストランには結婚式の２次会の人が10人くらいで奥の席にいました。

　その店はイベント事が得意なようで、突然店内に結婚式でよく流れるＢＧＭが大音量で流れ、スタッフ総出でそのテーブルに行ってクラッカーを鳴らしてお祝いをしたそうです。その２次会の方々は感動してスタッフの皆さんと記念撮影をされたそうです。とても心温まる光景です。

　しかしながら、僕の知人が頼んだ料理はまだ提供されていなく、その後聞いてみてもスタッフの対応は良くなく、料理について質問をしても商品知識があやふや。せっかくホスピタリティのマインドがあるスタッフばかりなのに残念だった、とのことでした。

　さて、これをサーバーピラミッドに当てはめて解説しましょう。

　この店は、【基礎】と【全体（オペレーション）】の土台がしっかりと

できていないにもかかわらず、その上に大きな【ホスピタリティ】を載せています。ですから「ピラミッド全体が崩れてしまい、お客様に『喜び・感動』を届けられなかった」ということになります。

　サーバーが一部のお客様にサプライズをすることは良いことですが、全体のお客様の満足度を考えるとサーバーとしては大変お粗末なことです。

　では下から、それぞれが持つ意味について解説していきましょう。

【基礎】

　【基礎】とは「理念」「商品知識」「言葉遣い」「マナー」「動作」「笑顔」の6つです。

　店で働く上で一番大切なことは、その店の理念（考え方）を理解することです。

　まず、その店がどのようなスタイルのサーバーを欲しているかをしっかりと理解する必要があります。

　そして商品知識に加えて、言葉遣い、マナーをしっかりと勉強する必要があります。

　特に商品知識は重要です。

　もしあなたが車を買いに行くときに、担当してくださる方がこのような方だったらどうでしょう？

　（あなた）「この車の燃費はどのくらい？」

　（担当者）「燃費……？ですか……少々お待ちください……」（裏で先輩に、「燃費って何ですか？……あっ。はい、わかりました」）

　（担当者）「お待たせしました。燃費は20kmです」

（あなた）「えっ、それってリッター当たりだよね？」
（担当者）「リッター当たり……？ ……少々お待ちください……」
と言って、また先輩に聞きに行きます。

　これは極端な例ですが、あなたはこのような担当者から車を買うでしょうか。この担当者からは車を買いませんね。安心感が持てず信用できませんから。

　飲食店は自動車販売と比べると扱う商品の価格は低いのですが、対応した人の商品知識がしっかりしているとお客様は安心感を持ってくださいます。

　優れたサーバーを目指すために必要なことは、まず商品知識です。

　さらに、言葉遣い・マナーの知識も重要です。さまざまな客層やシチュエーションにおいて、対応できる能力は勉強によってしか得ることができません。店が定める覚えるべきこと以外に、言葉遣い・マナーに関することをしっかりと学びましょう。

　そして、言葉遣いがしっかりしていてマナーの知識がたくさんあっても、接客しているときに笑顔がなかったら、そのスキルや知識はお客様に届きません。

　落ち着いた店には落ち着いた、活気あふれる店にはキビキビハキハキとした動作を笑顔でお客様に届けることが、サーバーピラミッドの基礎に当たる部分です。

【全体（オペレーション）】

　これはピラミッドの中層に当たる部分です。
　店はほとんどの場合、2人以上のスタッフで運営されています。

いかにピラミッドの【基礎】がしっかりしていても、【全体（オペレーション）】が出来上がっていなかったらお客様に安定的な満足を届けることはできません。オペレーションに毎回ムラがあり綱渡りのようであっては、せっかく築き上げた【基礎】も台無しです（図表②）。
　この【全体（オペレーション）】には、料理の提供時間や、メンバー全体でつくる空気感・居心地も含まれます。つまりホールだけでは店が成り立たないということです。
　お客様満足の点数を高め続けるために【全体（オペレーション）】の土台をしっかりと築きましょう。
　それは店内の作業を円滑に回すだけのオペレーションではなく、満足を提供するためのオペレーションです。そのために料理の提供状況を把握し、お客様のテーブル上に不具合がないかを確認して、お客様にとってより満足を提供するためのオペレーションを構築しましょう。
　この中で重要なことは【基礎】と【全体（オペレーション）】の土台を大きくしていくことで、これらの面積が広くなることで安定したお客様満足を得ることが可能となります。
　この【基礎】と【全体（オペレーション）】の２つの土台の上に【ホスピタリティ】が載ることで、お客様に届く「喜び・感動」に安定感が増します。

【ホスピタリティ】

　【ホスピタリティ】には、【１対１の個別体感サービス】と【感動ホスピタリティ】があります。
　例えば、お客様が初めての店に来て、吸っていたたばこが切れたと

き「このたばこの在庫ありますか？」とスタッフに尋ねたとします。

　するとスタッフから「そろそろなくなると思って、同じたばこを用意しておきました」と言われたら、お客様はどのような印象を抱くでしょうか。

　また、複数回来店している店で「○○さんは、ネギがお嫌いだから今日のこの料理からネギを抜いておきました」と言われたら、どうでしょうか。

　お客様は店で自分が特別な存在として対応されたことを体験すると、

図表②【基礎】と【全体】の2つの土台

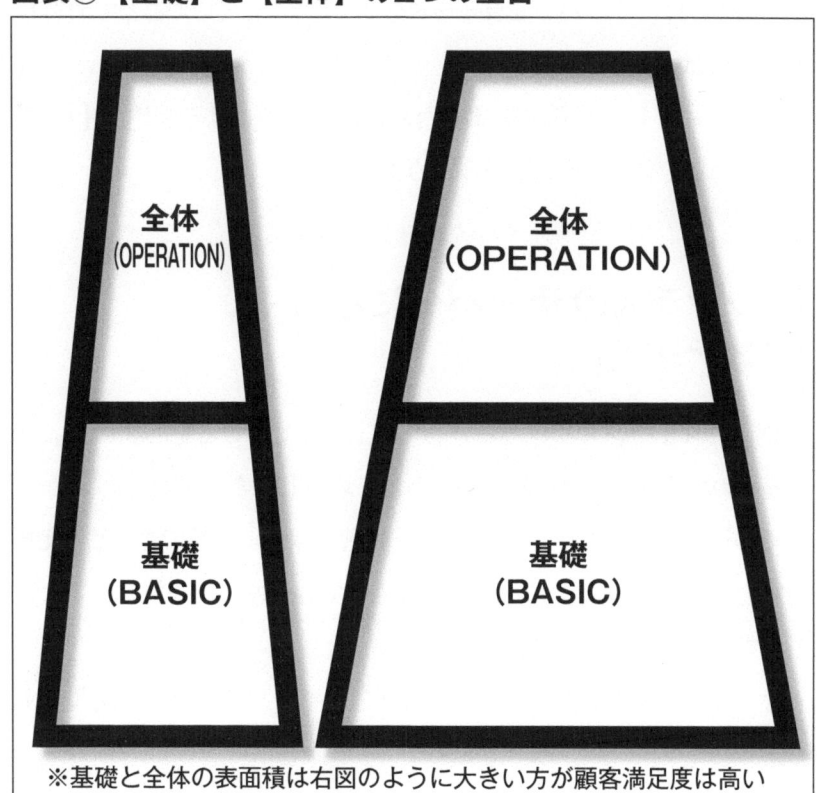

※基礎と全体の表面積は右図のように大きい方が顧客満足度は高い

店にロイヤルティを抱きます。新規客、常連客にもかかわらず、これが【1対1の個別体感サービス】です。

そして【感動ホスピタリティ】は、ずっとお客様の心に残り、誰かに伝えたくなってしまうような体験です。感動とは「感じて動く」と書きます。これを接客サービスになぞらえると、受けた接客に心を〝感〟じて、誰かに伝える行〝動〟を取ってしまうということです。

飲食店ではそんなすてきなことをお客様に提供することができるのです。

このように、サーバーピラミッドをより大きくしていくことでお客様の満足度は飛躍的に向上します。

サーバーとしてまず成長するためには、このピラミッドの【基礎】をしっかりと学習することから始めましょう。

トップクラスのサーバーになる「4ステップ」

僕はこれまでいちサーバーとして成長していくことを心掛けて、また多くの新人スタッフをサーバーとして教育してきました。

その過程で僕は、サーバーの成長段階が4つに分類できると考えました。優れたサーバーになるためといっても、最初から難しいことはできません。

そこで、段階的に成長していく「4ステップ」について解説します。

●ステップ１
　サーバーとしての感性・知識を学ぶ

●ステップ２
　お客様にとっての「安心感」を心掛ける

●ステップ３
　自分のキャラクターを確立する

●ステップ４
　「あなたに会いに来たよ！」という存在になる

　各ステップごとに５つのポイントがあります。そのポイントをクリアしていくことによって次のステップに進みます。

ステップ1 サーバーとしての感性・知識を学ぶ

◎知識を得る
　文字で学ぶのではなく、食べて飲んで、見て動いて知識を体得していきます。わからないことをわからないままにしておくことは、わからないことを聞かないことよりも恥ずかしいことです。

◎ロールプレーイング
　まずはシーンになれましょう。シーンの答えを導きます。

◎LADIES & GENTLEMAN
　「すてきな大人の女性」「すてきな大人の男性」になるために、社会的マナーや言葉遣いを身に付けます。

◎人と楽しむ接客感覚
　「接客は仕事じゃない！　いろいろな人と触れ合って楽しむことだ！」という感覚を常に持ちましょう。

◎そんな行動があるんだなー
　最初は「何をしたらいいか分からない」という感覚は皆同じこと。「なるほど！　サービスにはこんなに種類があるんだ！」や「こういうときはこう動くんだ！」と気付きましょう。

ステップ1で大切なことは、店に順応することです。

新人スタッフは、まず「動いて覚える」ことをしていきましょう。店のリズムを感じましょう。そして先輩たちの動きや言動をよーく見ましょう！

飲食店で働いた経験がある人は、何も知らない新人の気持ちで臨みましょう。新しく働く店で「前の店ではこうでした」と意見を言いたくなるかもしれませんが、「郷に入れば郷に従う」ということも大切です。

店・会社にはこれまで培ってきた歴史があるので、その歴史に配慮しましょう。もちろん、今ある風土に上乗せしてより良くなると思われることを提案するのは大切です。新人スタッフにいきなりこれまで店が築き上げてきたことを否定されると、それを先輩が受け入れられなくなってしまうことが大いにあります。ですから、先輩に意見を述べるのは店に順応してからにしましょう。

当初は、店の方針に対してではなく「お客様にこの場でどう喜んでいただくか？」ということを、常に考え行動することに意識を傾けましょう。

ステップ2
お客様にとっての「安心感」を心掛ける

◎ホスピタリティ
「あの人は、何をしたら喜んでくれるかなー……」。そんな心が奥底にあるきれいな心を呼び起こします。そしてそれを実行しましょう。

◎自分の動作・言動
店がどんなに忙しくても、また逆に暇なときでも、お客様の前では自分で基準を定め、すてきな動作や言動に努めましょう。

◎今、何秒かかった？
与えられた仕事を、いかに早く丁寧に行えるかを意識しましょう。気持ちを込めながら、1秒を大切に行えばスマートに行うことができます。

◎1往復・何動作？
お客様の商品を運ぶために往復する中で、作業が幾つできるかを常に考えましょう。往路の段階で他のテーブルを視野に入れることで、復路の動作のイメージをつくることができます。目配り→気配り→心配りの順番で取り組みましょう。

◎懐へ飛び込むイメージ
お客様との距離感は、仲の良い地元の先輩に久々に会った感覚で行います。礼節を保ちながらも「会えてうれしい！　最近元気ですか？」など、お客様の懐に入り込んでいきます。

ステップ2で大切なことは、自分のホールサービスがぶれないこと、そしてさらなる技術向上を図ることです。まず、これまで漫然と行っていた作業を、どのようにすればより早く、効率よくできるかというこ

とに挑戦しましょう。もちろん質を保ちながら効率を上げましょう。自分ですてきだと標準を定めた動作を継続しましょう。

　この段階では、お客様に「人対人」として接していきます。人は共通点があると親近感を抱くものです。だから共通点のあるところからお客様に接していきましょう。いきなりフランクに接するのは失礼に当たる場合もありますので注意しましょう。

　では、お客様との一番の共通点は何でしょうか。それは商品（料理）です。これをお薦めしたり、お客様が召し上がったときの表情を見逃さないことが前提です。

　お客様が「ウンウンッ！」といった感じで、おいしそうな表情をされていたらチャンスです。お客様の会話の状況を見ながら中間サービスをしに行き、「○○はいかがでしたか？」と感想を聞きます。そのときにはいい結果を得られるに決まっています。

　そこで両者笑顔になれれば一気に親近感が湧き、いろいろな話ができるようになります。さらにお客様に「おいしい」という言葉を発してもらうことに大きな価値があります。召し上がったときの感情だけでなく聴覚としてその認識を持ってもらうことが重要なのです。

接客の仕事で成長するための条件 2

ステップ3 自分のキャラクターを確立する

◎店の中のヒットマン

このステップのサーバーは、お客様をたくさんつかむことができます。まさに「ヒットマン」という存在です。

◎すべて任せられる

電話番号、住所はもちろん、商品、使用食材、店の周辺のこと等々、店に関する情報の9割程度を知っています。店長と同等クラスの知識を持つことに努めましょう。

◎謙虚に自信を持てる

サーバーのスキルとして十分なので、自分に自信を持って構いませんが、謙虚さが大事であることを認識しましょう。

◎ちょっと違う

優れたサーバーは「ちょっと違う」ことを理解しましょう。テーブルへの近づき方、料理の提供の仕方、話し方や入り方。その違いとは、指先まで意識が行き届いているか否かです。

◎カッコよさと「おしゃれ感」

この段階では「おしゃれ」であることも重要です。外見じゃなくて「立ち居振る舞い」や「会話の仕方」など、誰もが皆うらやむような「おしゃれ感」を追求しましょう。

ステップ3では、店に関わる情報についてほとんど知っている状態になりましょう。スタッフやお客様から質問をされてもすぐに答えられるように自信を持ちましょう。ただし、謙虚であることも重要です。

謙虚さを失ったサーバーは独り善がりの接客になります。つまり自己満足の接客で、お客様が喜んでいる姿を喜ぶ自分よりも、喜ばせている自分にほれてしまうのです。要するにうぬぼれです。そうなると新しい視点を持つことは失われて、お客様に対して「純粋に喜んでいただきたい」という感覚からずれてしまう可能性があります。ですから、謙虚さは大切なのです。

　この段階まで来たあなたには、後輩となるサーバーがいることでしょう。サーバーを育てるということ、つまりホスピタリティを育むことを行うことによって、サーバーの存在意義が新しい角度から見えてきます。それは自分のサービスの幅を広げます。

　この段階になると後輩スタッフの制服の着こなしや、ちょっとした動作の違いが気になるようになります。

　逆に、後輩スタッフから自分が大切にしている動作を意図せずに教えてもらえるようになります。例えば「先輩は、お客様に対していつも○○ですね」とか。

　これは自分のサービスに対する考え方を再認識する瞬間でもあります。ですから、後輩を教育することはあなたにとって必ずプラスになります。

ステップ4 「あなたに会いに来たよ!」という存在になる

◎一瞬でお客様をつかめる力

　ご来店直後でもなく、お見送りのときでもなく、いつでもあなたが接客したその瞬間に、そのお客様はリピーターになる、というレベル。

◎中心

　あなたは周りの中心になっています。あなたのホスピタリティマインドに包み込まれた、あなた目当てのお客様と仲間がたくさんいます。

◎絶対満足・感動

　店での接客のさまざまな局面において、常にひらめいたことを行動に移し、お客様の満足を感動につなげましょう。

◎俊敏な対応力

　何が起きても、初期段階を30秒で解決する力を持っています。お客様に過失があっても、その責任をお客様が感じないようなサービスを提供できます。

◎センス

　接客サービスにセンスの高さが感じられます。誰のまねでもない自分らしいセンスを磨きましょう。

最終となるステップ4の段階は誰もが優れたサーバーだと納得する段階です。
　そのためには「素晴らしい結果」が必要です。サービスは無形のものなので結果は見えづらいものです。店によっては「今月は何人の方があなたに会いに来た」と数えていてくれるかもしれませんが、日本の現状ではそこまで把握することは困難です。お客様の数を結果とするのではなく、お客様に関することで「あなたに任せれば何を任せても大丈夫、必ずいい結果を出してくれる」といったスタッフからの信頼を結果とすることに置き換えてもいいでしょう。
　そして、とことんセンスを磨きましょう。センスは先天的なものではなく感性を働かせて磨かれるものです。普段何げなく行っている接客の意味と価値を考え、「さらに良くするためにどうしたらよいのか？」「感動レベルまで引き上げるためにどうしたらよいのか？」を常に考え、センスを磨きましょう。
　接客とは離れますが、日常の生活では味わえないことを経験したり、今身の回りにあるものや店の中を別の角度の視線から見ることによって、新しい価値を見出すようになります。新しい感覚を発掘しましょう。

個人のスキルをアップさせる「5フロー」

　この前に述べた「4ステップ」は優れたサーバーになるための「心の持ち方」でした。
　さらに優れたサーバーになるために、お客様に喜んでいただく行動を取ることによってスキルアップしていくフロー（流れ）もあります。
　それが、個人スキルアップの「5フロー」です。

　この「5フロー」とはこうなります。

【気付き（先読み）→仮説を立てる→仮説の幅を広げる→実践→振り返り】

　これを毎日、営業中に繰り返し行いましょう。

　店では、いつ何時に何が起こるか分かりません（もちろん、いい意味でも悪い意味でも）。
　そこで突然物事が起こると、とっさの対応ができないこともあります。
　突然物事が起こったときに、特別で素晴らしい対応ができるのが優れたサーバーです。そのとっさのときほど、そのサーバーの真価が問われるのです。
　しかしながら、【気付き（先読み）→仮説を立てる→仮説の幅を広げる】ことによって、これからどのようなことが起こるかは予想ができ、予測への対処方法が豊かになります。

ここで【気付き(先読み)】と【仮説を立てる】こととして簡単な例を挙げます。

　A「あちらのお客様は4人ともたばこを吸っている。テーブルにはスタンバイ通り2つは灰皿が置いてある。1人1個あった方がいいかなー」

　B「あちらのテーブルに料理が出ていない。もう少ししたらご請求が来るかもしれない」

　このように先読みをして、仮説を立てます。

　Aの場合→「灰皿をあと2つ、いつでも提供できる準備をする」

　Bの場合→「厨房に確認しに行って、あと何分で何が提供できるかを把握してお客様に伝える」

　このような具合に、お客様の感情の先読みができれば仮説を立てられて、お客様に先に提案ができるのです。

　ですから、ここでのポイントは【仮説の幅を広げる】ことです。

　【仮説の幅を広げる】ことができれば、あらゆることにすぐに対処できます。

　1つの気付きに対して、5つ仮説を立てることができるサーバーと、1つだけの仮説で満足するサーバーとでは、起こることに対して対応の幅が大きく変わってきます。

　例えば「テーブル上に食べ終わった皿が1枚だけある」という気付きがあったとしましょう。

　サーバーC君は「そろそろあのお皿下げた方が喜ぶだろうなー」と仮説を立てます。

　一方、D君はC君の仮説にプラスして「1枚だけあるということは、

まだ他の料理が出ていないってことかな。すでに食べ終わっているということは、提供されていない料理があるはずだ。キッチンに確認しよう」と、仮説の幅を広く持ったとします。

　もしC君がお皿を下げに行ったら、お客様から「頼んだ○○がまだ来ないんだけど！」と言われると、「うっ！」っという予想外の表情になります。

　しかし、D君は仮説の幅を広く持っているので、同じ状況でも「申し訳ございません。○○はあと1分ほどでお持ちいたしますので」と伝えられます。

　【仮説の幅を広げる】とはこういうことです。

　そして、もっと大切なのが【実践】です。
　自分がお客様のことを思っていても、実際に行動に移せなかったら意味がありません。
　新人は大変かもしれませんが、実践することで「経験値」ができてきて「自信」が持てます。自信が持てたら人は輝き始めます。
　そこで新人が実践をした結果、何か問題を起こしてしまっても責任はリーダーが取りましょう。リーダーには教育の責任があります。
　練習のときにできていても、試合のときにできなければ意味がないのです。
　ですから、しっかりと実践しましょう。

　そして、最後に【振り返り】。
　飲食業は、労働時間が長くて振り返りがなかなかできない仕事かもしれません。

しかしながら、1日を振り返らないと日々の出来事は流れていってしまいます。1日を振り返ることで自分の財産になります。そのためにたくさんメモを取りましょう。

先読み、実践は、しっかりメモを取って振り返ることによって、確実に次に生かされていきます。

この5つのフォロー【気付き(先読み)→仮説を立てる→仮説の幅を広げる→実践→振り返り】を常に行うことによって、個人のスキルアップは必ずできます。

自分は「何となくサーバーの仕事をしている」という感覚から今すぐ脱却をしましょう。

サービスはチェーン(鎖)でつながっていく

飲食店において、1組のお客様に接する回数は最低4回あります（ファストフードなどを除く）。

それはこのようなものです。

【入店(ご案内)→オーダーを受ける→提供→退店(お会計・お見送り)】

その一つ一つにお客様は無意識に点数を付けています。そしてその一つ一つがチェーン（鎖）のようにつながっていきます。

お客様が付ける点数は「100点中86点」といった細かいものではなくて、「感じがいいね」といったざっくりとしたものです。

ここでのポイントは、そのお客様が抱く点数（＝感情）はチェーンであり掛け算であるということです。

「ご案内がまぁまぁ感じがいい」「オーダーをするときもまぁまぁ感じがいい」——だけど料理を提供するときに、そっけなく「ドンッ！」とテーブルに料理を置かれたら、当然お客様は嫌な感情を抱きます。

ここでチェーンが切れてしまいます。

そして会計時には至って普通でも、店を出るときには「何だか嫌な感情」を持ってお帰りになります。チェーンであり掛け算なので入店・オーダー受けがプラスでも、提供という1回のマイナスがあるだけで、結果はマイナスになってしまいます。

特に入店時の対応にお客様がマイナスを付けた場合は、その後常にマイナスの感情をお客様は持ち続けるので、店やスタッフに対する見方はマイナスに寄りがちになります。

お客様の入店から退店までの店に対する印象が、しっかりとした太いチェーンでつながり続けるようなサービスを提供していくことを意識していきましょう。

「5秒間」でお客様の心をつかむ
～ファーストインプレッションの重要性～

接客上のポイントは「5秒間でお客様の心をつかむ」ということです。

どんなに忙しいときでも、お客様に接する一つ一つの時間は基本的には変わりません。例えば、ファーストオーダーの商品を提供するときに、一人一人のお客様に接する時間は大抵3秒間くらいではありませんか。

その1回の接客の時間を3秒間ではなく、少しゆとりを持って5秒

間に増やします。2秒間増やすことによって、ゆとりのある最適な表情で、良い声のトーンで、そのお客様に合った空気感で接することができます。さらに何か一言添えてもいいですし、アイコンタクトをしてもいいでしょう。

接客の1回、一言において、毎回心を込めて自分ができる最高の接客を心掛けましょう。

この5秒間の接客の積み重ねによって、サービスはチェーンとなってつながります。毎回の最高の接客はチェーンをどんどん太くしていきます。

「ファーストインプレッションは特に重要です」と述べました。

そもそも、なぜファーストインプレッションが重要なのでしょうか。

「真実の瞬間」（MOMENTS OF TRUTH）という言葉があります。これはスカンジナビア航空グループの最高経営責任者、ヤン・カールソン氏が自著のタイトルに使った言葉です。

その意味をざっくり言うと「従業員が顧客に接する最初の印象が、その企業の成功を左右する」ということです。つまりファーストインプレッションが店の評価を決めるということです。

皆さんもこのような経験をしたことがあると思います。店に入って最初に応対してくれたスタッフの対応が良いと何だか期待が持てるけど、最初の応対が最悪だと「違う店にすればよかった」と思うことが。

ファーストインプレッションが良いと、お客様は店のいいところを無意識に探し始めます。逆に、ファーストインプレッションが悪いと無意識に店のあら探しを始めます。悪い例では、ちょっとテーブルに拭き残しがあれば「やっぱり、この店は駄目な店だ」という具合です。

では、飲食店にとっていつまでがファーストインプレッションなのでしょうか。入店時だけでしょうか。それは違います。
　フルサービスの店の場合「最初に提供される料理の1口目まで」がファーストインプレッションだと捉えるべきです。
　なぜなら、お客様は飲食をしに店に来ていますから、いかに入店時の対応が良くても、頼んだ料理が30分間たっても来なければ印象は悪くなるに決まっています。
　だから、最初の料理が想定の時間内に提供されて、かつおいしいことが重要になります。

　お客様が初めて行く店に抱く感情の流れを図表③にしてみました。これが示すことは次のようなことです。

　大切な人と初めて行く店の予約をしました。スタートの心境は「期待と不安」。「いいお店だったらいいなー」と「期待」を膨らませつつも、店選びに失敗していないか「不安」、といった心境です。
　いざ行ってみると、ご案内の対応も良くて、サービスもしっかりとしていました。「良かった！　お店選びは成功したようだ」と「安心」します。そして「頼んだものが予想した範囲内の時間で提供されておいしかった」。ここで初めて「ウン！　満足！」となるわけです。
　逆のフローもあります。
　「入店対応は普通。初めに頼んだものが予想した時間内に提供されない」
　このときのお客様が抱く心境はまだ「不満」ではありません。「不安」です。「オーダーがちゃんと伝わっているのかなー？」といった心境です。

そんな心境のときにスタッフが「あと1分でお持ちいたします。申し訳ございません」という一言を掛けると「あー良かった。オーダーは伝わっていた！」となり、「不安」から「安心」に変わるわけです。

　しかし、このお客様を「安心」にさせる言葉も掛けられない状態で、遅れたまま特におわびの言葉もなく商品を提供されると、お客様は「不満」を感じます。「何だよ、わびの一言もないのかよ！」と。実際はおいしい料理も、おいしくなく感じてしまうものです。

図表③　お客様が初めて行く店に抱く感情の流れ

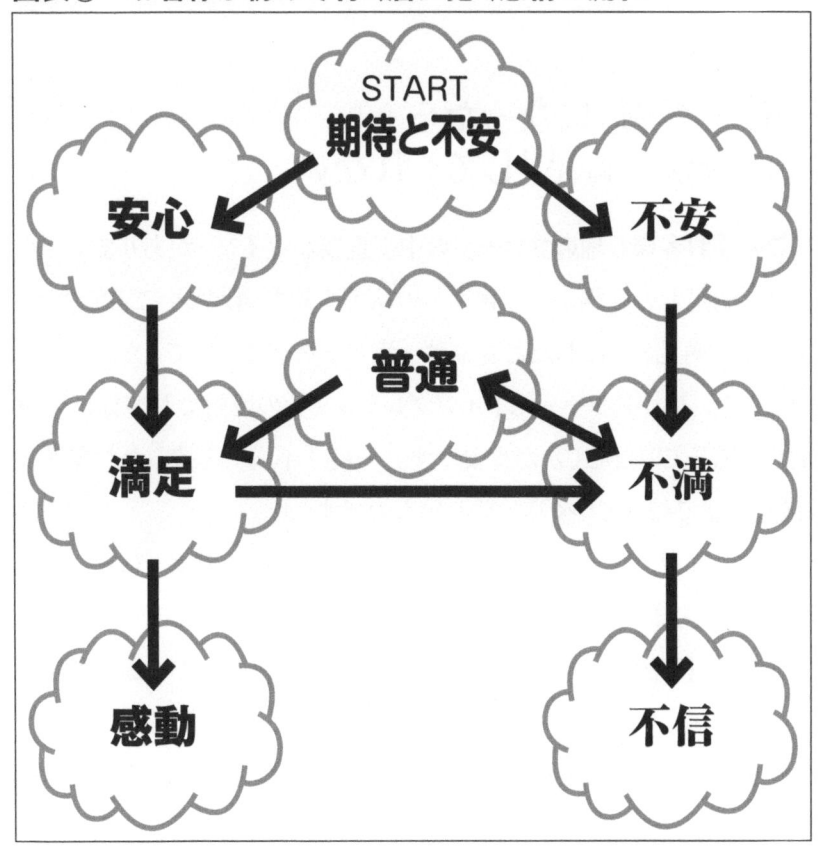

```
                START
                期待と不安
          ↙              ↘
        安心              不安
         ↓                 ↓
        満足 ← 普通 →     不満
         ↓    満足 → 不満  ↓
        感動              不信
```

そして口には出しませんが「もう来ないな、この店には!」と心の中で思ってしまいます。

しかしながら、お客様は店にまだ滞在している状態なので、お客様の「満足」を取り戻すことは可能です。

しっかりとした料理を提供して、良いサービスをお客様に届けることができれば「最初は印象が良くなかったけど、普通かな」と思ってくださいます。

そこにお客様にとって心温まるものが店から提供されると、お客様の心境は「満足」へと変わります。

一度「不満」になったらなかなか「満足」してくれない

この「お客様心理のフロー」の中で重要なポイントがあります。それは「満足」の状態から「普通」の状態へ進む道がないことです。

一度「満足」と感じたお客様は「満足」のままでいてください。ですから、いかにファーストインプレッションの段階でお客様に「満足」を感じていただくかが重要です。一度「不満」を持ったお客様を「満足」まで持っていく道は険しいものです。

一方「満足」しているのにもかかわらず、突然「不満」になってしまう道もあります。

それは【事故】です。例えば「白いワンピースを着ているお客様にスタッフのミスで赤ワインをこぼしてしまった」といった場合です。これはトレーニング不足によって起こり得ることですから、基礎トレーニングは日頃しっかりと行わなければなりません。

「満足」を感じているお客様が、自分の予想をはるかに超えるおいしい商品に出合ったときに「感動」に変わります。

　お客様が「感動」に至るまでには必ず「満足」を通る必要があるので、まずは「満足」していただくことを心掛けましょう。

　そして「不満」を感じているお客様に追い打ちをかけるように、例えば、料理に髪の毛が入っていたというようなことがあると、お客様は「不満」を超え「不信」を抱きます。「おいおい、何だよこの店。やっぱり最低の店だ」となります。

　こういった悪い感情は誰かに伝えたくなります。後述しますが、これは「被害者意識」というものです。

　このように、ファーストインプレッションの良しあしによって、お客様の心理状態のフローが大きく変わります。

　ここで伝えたいことは、サービスレベルを全体的に向上させることは重要なことですが、ファーストインプレッションの向上を念頭に置くことも大切であるということです。

　しかしながら、サーバー1人でこのファーストインプレッションを良くしようとしてもできるものではありません。なぜなら店は1人では絶対に運営できないからです。

　サーバーの仕事はチームで行うことによって成り立っているのです。

第3章 接客の仕事はチームプレー

1人で接客をするのではなく「サーバーチーム」をつくろう

　1人のサーバーとして数多くの経験を積んで、良いと思う考え方やたくさんのスキルを身に付けたとしても、絶対に忘れてはいけないことがあります。

　それは、お客様の「満足」はサーバー1人では絶対につくり出すことができない、ということです。

　1人でキッチンとホールを切り盛りしているという店の場合は1人のマンパワーによって成り立ちますが、ほとんどの店は最低でも2人以上のスタッフがいて成り立っています。

　ホールスタッフがたとえ1人であっても、キッチンとホールの連携なくしていい店にはなり得ません。要するにキッチンとホールが一体となって、お客様の喜びを追求できるチームでなければなりません。

　概して、お客様の「満足」は店の中でお客様が体験したあらゆることの結果として出るものです。

　「A君の接客サービスはものすごくいいけど、店全体を考えたらちょっと……」

　というのはよくある話ですが、これは非常に良くない傾向です。

　A君がいなければ、その店はどうなってしまうのでしょうか。接客サービスの今現在の状態はいいかもしれませんが、永続的な繁栄には結びつきません。A君が急きょ退職せざるを得ない可能性はゼロではないのですから。

店とともに働く仲間に感謝しよう

　1人のサーバーとして、お客様にいいサービスをするために、店のホールに立つ前に大切なことがあります。それはサーバーとして店にいる以上、その店で働かせていただいていることに感謝することです。

　その心を持っていないと、優れたサーバーとは言えません。第1章で述べましたが「24時間サーバー」でいなければなりません。

　今充実した仕事ができるのは、その環境があるからです。

　もし、今充実した環境ではない場合、働かせていただいていることに感謝ができない限り、その環境はいつまでたっても充実した環境にはなり得ません。

　その場に感謝することは自発的にできます。

　そして、ともに働いている仲間がいるから、大好きなサーバーの仕事ができるのです。

　だから、その場に感謝してともに働く仲間にも感謝しましょう。

　言葉にしなくてもいいのです。感謝の心をしっかりと抱いていれば、仲間を喜ばせる行動を自然に取っているはずです。

「自己満足の接客」は
お客様からもスタッフからも嫌われる

　以前、サーバーの仕事を頑張っているある飲食店のスタッフからこのような話を伺いました。

　その人は一生懸命勉強をしてサービスを磨いたけど、他のスタッフの感情やそのときの忙しさを考えず、ホールのお客様にばかりに目を

向けて、自分ができる特別なサービスを行っていたそうです。そのことについて「お客様にとって、正しいことをしている」と思っていたそうです。

　実際、それは正しいことだと思います。自分の持つ力を最大限に発揮して、お客様の喜びを追求していくとサーバーとしての存在意義がわかってくるものですから。

　しかしながら、良くないことも生じている可能性があります。その人の特別なサービスに対して「すべてのお客様が同じ満足度を感じているか？」ということです。

　よく見ていると、その人が特別なサービスをして満足度の高いお客様は店の常連様です。スタッフと密接なコミュニケーションを取っていて常にその常連様と話している、という場面が多くなりがちです。

　しかしながら、隣のお客様からすると、頼んだ商品がまだ来ていないのに隣ではスタッフがお客様とばかり談笑している、という具合に受け止められる可能性があります。

　すると、隣のお客様としては「お客と話している時間があるなら、料理をつくってきてほしい」と言わんばかりに「不満」は募ります。

　自分が得意だと思っているサービスをしていると、こういうことは起こりがちです。

　サーバーにとって大切なことは、その場にいらっしゃるすべてのお客様の満足度が均一化している状態を保つことです。

　さらに、店内が極めて忙しい状態になっているのに、他の仲間の状態も考えず、お客様への過剰なサービスや長い会話など、スタンドプレー（自己満足の接客）ばかりしていては他のスタッフは喜んでくれ

ません。
「忙しいんだから、今は料理を運んでくれよ！」
「お客様と会話をするのはテーブルを片付けてからにしてくれよ！」
実際は、こんなふうに思われているかもしれません。
　忙しくなっていても、チームとして役割分担がきちんとできていて、サービスの考え方の意思疎通が図れているのであればスタンドプレーが認められるかもしれませんが、そうではない場合が多いのではないでしょうか。
　そこでいったんサーバーの間で不協和音が生まれ始めると、お互いがぎくしゃくしていきます。
　先の人は特別なサービスを一生懸命に行っていたことに自分では満足していたけれど、他のサーバーに対して後ろめたさを感じながら働いていたようです。そんな状態では「心からのホスピタリティ」をお客様に提供することはできません。
　ですから、サーバーがすべきことは全員が充実した仕事ができるということに留意することです。
　よりたくさんのお客様に喜んでいただいた方がいいに決まっています。そして、サーバーの仲間同士、サーバーとしての仕事を充実させ、達成感を分かち合うことがいいに決まっています。
　そのためには、サーバーがチームとして接客をすることが必要不可欠になってきます。

チーム全員で共通認識を持とう

　サーバーチームとして、チームワーク接客を実践していくためにま

ず重要なことは「サーバー全員の共通認識が必要だ」ということです。

　「このチーム（店）は何を目指すのか」を明確にして、その認識を共有しましょう。

　具体的には「細かいシーン別に」「どのような接客スタイルを行うか」というところまで意思の疎通を徹底させましょう。そのゴールは「みんなでいい店にする」ということです。

　前述しましたが、マラソンでゴールの場所がわからないということはあり得ません。

　ゴールがあるから人は行動を起こすのです。だから、サーバーはチームとしてゴールを設定しましょう。

　そしてそのゴールに向かって、誰か１人の本気の行動がチームに火を付けます。それによってチームが大きく動き始めます。

　誰かがまず動く必要があります。それは店長かもしれないし、１人のアルバイトスタッフかもしれません。接客サービスが好きなら、サーバーチームの全員に伝えましょう。

　「みんなでいい店にしたい」

　「いいサービス、接客をお客様にお届けしたい」

　マラソンも先頭で走る選手がいるから、後続の選手もそれについていくのです。

全員で必ず行う「100％サービス」

　お客様の入店から退店までの各シーンをイメージするときに大切な考え方は「100％サービス」です。これはチーム全員で決めた、チーム全員が必ず行うサービスのことです。

100％サービスで目指すことは、お客様の「満足」を守っていき、チームサービスで「感動」まで持っていくということです。

　「お客様が満足する」とはどういう状態でしょうか。

　これに関しては、こういう指標があります。

　お客様は店に行く際に、意識・無意識にかかわらず事前期待を抱きます。

　「どんな感じの店だろう」という具合に。

　特に、初めて行く店にはより大きな期待を抱きます。口コミで知った場合も同様です。

　偶然に入った店でも無意識に、以前行ったことのある同じような店や、自分のなじみの店と比べてしまうものです。

　そんなお客様が店に感じる「事前期待」と「実際評価」の差異で生まれる満足度は5つのパターンに分けられます。

A	お客様の事前期待	＜＜＜	お客様の実際の評価
B	お客様の事前期待	＜	お客様の実際の評価
C	お客様の事前期待	＝	お客様の実際の評価
D	お客様の事前期待	＞	お客様の実際の評価
E	お客様の事前期待	＞＞＞	お客様の実際の評価

（出典：『顧客ロイヤルティの経営』（佐藤知恭著／日本経済新聞社発行）を参考に編集）

　以上の5パターンです。

　果たして、A～Eのどのパターンのときにお客様は「満足」と感じるのでしょうか？

答えは【 C お客様の事前期待　＝　お客様の実際の評価 】です。

　言い換えると、期待通りになることでお客様は満足するということです。
　しかしながら、ここでのお客様の満足度は「まぁ満足」というレベルだと僕は認識しています。
　裏を返せば「まぁ満足」の方はまた来てくれるかもしれませんが、もし自店の近くに、ちょっとでも自店よりも満足度を感じる同価格帯の店が出店してきたらお客様はそちらの店に流れてしまい、何かのきっかけがない限り自店に戻ってくることはありません。

　ちなみにA〜Eでお客様が感じる満足度は

A→感動
B→喜び
C→満足
D→不満
E→被害者意識

となります。
そこで「100%サービス」で目指すところは、
B　お客様の事前期待＜お客様の実際の評価
　　であり、
A　お客様の事前期待＜＜＜お客様の実際の評価
　　ではありません。

店のブランドは
「接客サービス」と「商品知識」でつくられる

　ブランドとは「商標。銘柄。特に、名の通った銘柄」と辞書にあります。

　では、店のブランドとは何でしょうか。

　店の商圏の顧客（店の周辺でご来店が見込まれるお客様）は店に行く前に頭の中でランキングを持っています。

　例えば、ある方が勤め帰りに「今日は、もつ鍋が食べたいなー」と思った瞬間に、頭の中で自分の「『もつ鍋屋』ランキング」がパッと思い浮かびます。

　1位　もつ鍋居酒屋○○
　2位　博多料理専門店□□
　3位　……
　4位　……

という具合です。

　そして、そのランキングの中からこれから行く店を決めています。

　ここでは「もつ鍋屋」にフォーカスして話を進めますが、どの業態でも同じことです。

　その頭の中ランキングは、味・価格・雰囲気で決めています。しかしながら、そのランキングに影響を与えるためには接客サービスはとても重要なのです。

　どんなにいい食材を使い、すてきなメニューブックで魅力を伝えられたとしても、最終的にはサービスと接客が決め手となります。それが店の「ブランド価値」というものです。

店が看板とする商品をただ提供するだけでは、お客様に店の価値は伝わりにくいものです。普段行く店とは違う店に行って、他の店でも食べているもつ鍋を食べると「おいしいね！」で終わってしまいます。
　しかし、お客様が食べている様子を見ていると、お客様がついにやけてしまったり、「ウンウン」と無言でうなずいたりしているシーンを見ることができるでしょう。
　その表情を見たら、頃合いを見計らって、「いかがでしたか？　当店のもつ鍋は？」と伺いましょう。すると「おいしいよ！」と言っていただけるでしょう。
　こちらも前述しましたが、このときお客様本人の口から「おいしい！」と言っていただくことが肝心です。
　お客様が思ったことを口に出してもらうこと（out put）で、お客様の頭の中に「この店のもつ鍋はおいしい！」という記憶が刻まれます（in put）。
　その言葉をいただけたら、簡潔明瞭に「ありがとうございます。当店のもつ鍋は〇〇〇で◎◎◎だからおいしいんですよ！」と背景をお伝えすると、「なるほどねー！　だからおいしいんだ！」と、さらにお客様の中に記憶が刻まれます。これが店のブランド価値となります。
　お客様に店のブランド価値を植え付けることは接客サービスをする人の重要な仕事です。
　「自社農園で取れた鮮度がいい野菜なんですよ！」
　「料理長が3年かけて築き上げたレシピなんですよ！」
　「ウチで10年続くロングセラー商品なんですよ！」等々、伝え方はさまざまです。
　ですから、24ページのサーバーピラミッドの底辺にある「商品知

識」を全員が伝えられるレベルまで引き上げましょう。商品知識をないがしろにしていると、リピーターをつくるせっかくのチャンスを失ってしまいます。

　店がお客様に伝えたい価値をしっかりとした接客サービスとともに商品知識をお客様に伝えて、店のブランディングをしていくことはサーバーの使命です。

　まずは自分からその道を切り開き、ブランディングを進め、さらにはチームとしてその価値を伝えていきましょう。

「ちょっと心地よい」の積み重ね

　お客様が店への満足度を測る指数として、一番上位には「おいしかったかどうか？」と「価格的満足はどうか？」が挙げられますが、今は大抵どこの店に行ってもおいしいものが食べられますし、価格も適正なところが多いと思います。

　ですから、店の差が出てくるのは、味、価格ではなく、サービスの部分が大いにあり得るのです。「料理もおいしいし、値段もまぁまぁ」、しかし「接客もものすごく良かったから大満足だ！」となっていただけるようになったら、とても素晴らしいことです。

　では、どのようにしてサービスでお客様を「満足」から「喜び」にまで持っていくのでしょうか。

　それは、お客様がご来店されてから退店するまでの接客ストーリーで各ポイント（例えば「ご来店時」「ファーストオーダー注文時」）に、1つでもお客様が心地よさを感じるサービスを必ず行うことです。さながらボクシングの「ジャブ」を打つ感じです。

例えば「ご来店時には愛嬌良くあいさつをして、先導してお客様の椅子を必ず引いて差し上げよう」「料理をお薦めするときは、ドリンクに合わせたお薦めをしよう」とか、当たり前のことですが、お客様が心地よくなる行動を入れ込んでいきます。
　ここで一番大切なことは「全員が決められたことを必ずやる」ということです。「100％必ずやらなければいけない」のです。
　「今日はスタッフに欠員が出たので、忙しくなったから『必ずやろう』って決めたサービスをやらなくていいか……」となってしまったときに、お客様は「この前、いろいろサービスしてくれたのに、今日は全然してくれないな……、あのときだけか……、まぁこの店はそんなもんか」と思ってしまうかもしれません。
　お客様が前回ご来店時に無意識に付けた点数が、このような体験で0点になってしまいます。なぜなら、前回受けたサービスはやってもらって当然だと思っているからです。そして前回よりも事前期待値は上がっているわけです。
　ですから、店側はお客様の期待値に沿わなければなりません。2回目以降のお客様には「満足」を必ず死守しましょう。
　全員で行う「100％サービス」を必ず行いましょう。
　あなたの店の「100％サービス」は何でしょうか。
　その「100％サービス」は「一番のピークタイム」でもしっかりとできているでしょうか？
　ピークタイムは、1人がこなす仕事量が増えるので大変かもしれませんが、一番お客様がご来店されている時間帯なので店のアピールをするには絶好の時間帯です。ピークタイムは多くの店でサービスレベルにブレが生じるので、お客様の取り逃がしをしている可能性が高い

のが現状です。

　ブレのないしっかりとしたサービスを提供できれば、お客様満足度は一定のレベルを保つことができます。

　そして、その「100％サービス」はお客様の「満足」を超えていくものでしょうか。

　あらためて自店の接客ストーリーを見直してみましょう。

100％サービスはチーム全員が主役

　では、各シーンの接客で「100％サービス」を考える上でどのようなポイントがあるかを考えていきましょう。

　まず大切なことは、店のすべてのポジションが連動して動くことが必要不可欠であるということです。

　あなたはホールに立つことのないポジションの人であっても、全員がサーバーチームの一員であることを忘れないでください。

　例えば、洗い場のポジションの人は一生懸命にお皿を洗っています。

　そのときに、お客様が来店されました。スタッフが「いらっしゃいませ！」とお客様の方を向いて言ったとしましょう。そのときに店のサーバーチームとしての真価が問われます。

　店の一番奥の洗い場で皿を一生懸命洗っているスタッフが、厨房の奥の方から大きな声で「いらっしゃいませ！」と気持ちを伝えようとしている店は必ずや心地よい空気が店全体を包んでいることでしょう。

　その洗い場からの声はお客様には届かないかもしれません。しかし届いた場合、お客様としては「あんな奥の洗い場のスタッフさんまで自分たちに『いらっしゃいませ』って言ってくれている！」と、純粋に

うれしくなるはずです。厨房の一番奥から一生懸命声を張り上げてあいさつをしているスタッフがいたら、それ以外のスタッフも感化されて、気持ちをお客様へ届けたくなると思います。

　もとより、洗い場の人が一生懸命にあいさつをしている店では、スタッフのすべてが同じ情熱を持って顧客満足度を追求していることでしょう。

　ここで強調したいことは、店の中の全員が主役であるということです。主役は場面によって代わりますが、たとえ間接的であってもお客様に関わるスタッフは全員がお客様にとっての主役です。

　これらのことは新人スタッフにとっても例外なく当てはまります。今日入りたての新人で飲食店で働くのも初めて、右も左もわからない人も同様。できることといえば、しっかりした声を出して返事をし、あいさつをすることと、テーブルを片付けてきれいに拭くことくらい。

　これは、飲食店で働いている誰もが絶対に通ってきた道です。

何事も心を込めて行えば
お客様に「感動」をもたらす

　ここからは僕の実話です。

　僕が東京・浜松町にある「とり鉄 浜松町店」で働いていたときです。新人スタッフMさんはホールでの仕事が初めてで、言われたことを一生懸命にやることしかできませんでした。

　元は別業種で働いていたために店の作業の流れがわからない、ハンディターミナルの使い方がわからない、といった感じでした。この店は70席で16時〜23時の営業で1カ月23日間営業、これで月商1000万

円をクリアしていたので、Mさんはピークの時間帯となるとお客様にしっかりと対応することができませんでした。

そういうMさんでしたが、与えられた仕事を一生懸命に行っていました。それは「テーブルを拭く」ということです。

とても忙しい店でしたが、店の中に「小さなことにも感謝しよう」という文化がありました。Mさんが営業中にテーブルを拭いてくれることに、僕が「サンキュー！」と言おうと近づいていったら、Mさんは拭いているテーブルの隣にいた常連様からこんなふうに話し掛けられていました。

「君新人？　いいねー、その必死にテーブル拭いている姿が気持ちいいよ。頑張ってね」

Mさんはテーブルを拭くという仕事でお客様を感動させてしまったわけです。

もちろん、Mさんはテーブルを拭くことでお客様に感動してもらおうなどと思っていません。ただ与えられたテーブルを拭くという仕事を一生懸命行っていただけです。

僕がそのシーンを見たときが、「店のすべてのメンバーがお客様にとっての主役になれるんだ！」と確信した瞬間です。

それ以来、何げない仕事だと思っていたことも、心を込めて行えばお客様の「感動」につながるということを後輩のサーバーたちに伝えています。

このように店はどのような環境にあってもスタッフの一人一人が主役になれます。

また、スタッフの一人一人が主役だという自覚を持っている店ほど

強い店はありません。

　店のスタッフ一人一人は、必ずお客様にどこかの場面で接しています。サーバーチームとして大切なことは、全員がお客様を意識することです。

　この「全員が主役になれる」ということを前提にして、お客様と接するシーン別にどのような対応をするべきか、これから述べていきます。

第4章 サービスストーリーとロールプレーイング

「サービスストーリー」の一つ一つを明確にする

　飲食店ではお客様と店の接点が順番で訪れます。
　それは「電話対応〜お礼状」までとなりますが、そのサービスストーリーの一つ一つを明確にしておくことが重要です。
　「何となく接客をしている」状態からの脱却を図り、しっかりと体系化を考えたストーリーをつくることで、自分たちが大切にしたい「思い」「行動」が明確になります。
　サービスストーリーを策定することで、安定したお客様満足度を常に提供することができるようになります。
　そこで、あらためてサービスストーリーを見直してみましょう。

（1）電話対応
（2）お出迎え
（3）お席へのご案内
（4）お席でのファーストアプローチ
（5）メニューの説明
（6）ファーストオーダー受け
（7）オーダー商品のご提供
（8）中間サービス
（9）お会計
（10）お見送り
（11）バッシング
（12）お礼状

これがサービスストーリーの大まかな流れです。さらに付け加えるとすれば、ご来店の前に電話やネットでのご予約があり、退店の後にアフターフォローのDMや告知があります。

　業態によってはお客様がセルフで行う場合もあります。例えば、ファストフードやカフェの場合は、(2)から(9)までをカウンター上で一度に完了させるでしょう。(11)に関してはセルフサービスになります。

　ですが、カフェやファストフード店に行った場合、サービスの接点はフルサービスの店よりも少なく、接客を受ける回数は少なくても、お客様は不快な思いをすることはあまりなく、むしろ満足している方が大半だと思います。

　接客接点が少ない業態だからこそ、そこに心を込めて接客をしているから満足できるのです。

　では、シーン別にチームサービスを考えていきましょう。

練習なくして本番での成功なし

　僕は、中学・高校・大学時代とサッカーをしてきましたが、よく試合中に監督・コーチに怒られたことがあります。

　それは「練習でやっていないことをやるな！」ということでした。

　試合中はモチベーションが高いしテンションも上がってしまい、練習でやっていないことをついついやってしまいがちです。

　では「練習でやったことがないこと」「一度もやったことがないこと」を実戦でいきなり行うとどうなるのでしょうか。

　ずばり、間違いなく失敗します。運が良くて「5回に1回は成功す

る」というところでしょうか。

　これらのことを実際の店で考えてみましょう。

　お客様相手にホールで接客をするときに、成功確率が５回に１回でいいのでしょうか。

　いいわけはありません。

　店でホールに立つ以上、常に僕らは主役としてステージの上に立っています。そして、お客様は常に100％のものを期待してご来店されています。

　ですから、失敗は基本的に許されないのです。

　例えば、料理の場合、つくったことがない料理をお客様に提供してはいけません。ホールも同じことです。

　では、どうするのでしょうか。

　それは模擬練習をするしかありません。つまり、ロールプレーイングをするということです。

　スタッフが勤務時間以外にお客様役と従業員役に分かれてロールプレーイングをして、営業中に近い環境でさまざまなシチュエーションを体験していれば、その状況が起こったときにスムーズにお客様に対応ができます。

　それを重ねていくことによって営業中も自分自身にゆとりが持てるし、そのゆとりがお客様に安心感として伝わります。

ロールプレーイングの成果と注意点

　そもそもロールプレーイングは医療セラピーで、ルーマニア出身の精神科医J.L.モレノ氏によって生まれた、情緒的な問題を行動に移さ

せて、その原因を分析する治療法「サイコドラマ（心理劇）」に始まるといわれています。

　与えられた自分への役割を演じることで、その場面や物事への、自分では気付かなかった習慣や問題点、改善点を見つけ、客観的に物事を見つめられる力を養うものです。それが教育技法として変化してきたものといわれています。

　接客のロールプレーイングを行うことによって、たくさんのいい成果を生むことができます。

　以下に、その例を挙げておきます。

●客観的に自己の接客を見てもらえることにより自分の強みと弱みが明確になる

　普段忙しい中営業をしている過程で、いつの間にか自分が接客をするときに癖や習慣が生まれています。客観的にそれを見ることはなかなか難しいものですが、ロールプレーイングによってあらためて自分のことを見つめることができます。

●成果を感じやすい

　座学をするよりもより実践的なので、ロールプレーイングを実施した人はすぐに使える技術を手に入れることができます。

●より現場に近い環境で実践するので臨場感が出る

　実際に体を動かし表情をつくるので、どんな研修よりも臨場感があり、勉強になります。

●チームとしての研修になるので
　チーム力アップに直結する

　全員で真剣に取り組むことができれば、互いにコミュニケーションを取ることが多くなり、同じ物差しで行動を見ることができます。
　これによってチームに一体感が増し、何が正しくて何が正しくないかを同じ言葉で共有できるのでチーム力が向上します。

　以上、ロールプレーイングの成果を4つ書きましたが、これ以外にもたくさんの成果を皆さんのチームにもたらしてくれます。それは実践すれば必ず実感できます。
　ロールプレーイングは絶対に行った方がいいです。スタッフをそろえるためにそれぞれの時間調整や場所の設定など課題はありますが、少人数でも実施できます。
　しかし注意すべき点もあるので、それらを以下に確認しておきます。

●参加者が真剣にやらなければ意味がない

　仲の良いスタッフ同士で実践するとなれ合いが生じて、ときにはふざけ合ってしまい真剣さが失われることがあります。真剣に取り組まなければ時間の無駄です。

●時間がかかるので、実施するシーンと時間を決め
　間延びさせない

　1つの接客シーンを複数の人数が一人一人行い、そのたびにフィードバックをすると、どうしても時間がかかります。

ですから特定のシーンを細かく定め、ロールプレイングの時間は例えば1シーン1分以内と定めた方が時間のかかり方が明快で、目標設定がしやすくなります。

もちろん、電話対応のロールプレイングなど1分以内に終わらないものは時間制限を決めずに行う方がベターです。基本的には、参加者全員がロールプレイングを実施することが大切ですが、もし10人ほどでロールプレイングを行うとなると、フィードバックの時間などを考えれば1時間を超えてしまうこともあります。

その場合はよりレベルの高いスタッフのロールプレイングを参加者全員で見て、フィードバックをすることによってその答えを共有化できます。

●1シーンを決めるときは、細かい状況設定を行う

1シーンを設定するときは、単に「料理のお薦めの1シーン」と定めるのではなく、事細かく状況設定をしましょう。

例えば、「土曜日の午後8時、インターネットのサイトを見て、初めてご来店された、家族連れ3名様（50歳くらいの両親と20歳くらいの息子）で、明らかにメニューを見て迷っている」とか、「金曜日午後7時、30歳くらいの方6名様で合コンのようだ。幹事役が当店をご予約したそうだ」などのように、細かく状況設定をするとロールプレイングの内容や目的が明確になります。

その場合は、その1シーンごとに制限時間を設けることも大切です。

●毎回同じ言葉、同じ表現で指導する

スタッフがたくさん在籍していたり、24時間営業の店であったりす

ると、同じ時間にスタッフ全員を集めることは難しいものです。

　その場合は何回かに分けてロールプレーイングを実践することになりますが、そのときに教える側として、正解となるあるべき行動を毎回同じ言葉、同じ表現で伝えなければなりません。他のスタッフに伝えた言葉と違う言葉を使うと、そこから行動のちょっとした差異が生まれ、互いにストレスを植え付けてしまうこともあります。

　私が在籍した会社では、スタッフの行動にブレが生じないように、入社してすぐのスタッフ用に基本動作から提供方法までを習得させる『基本動作からの接客バイブルＤＶＤ』という約40分間の映像をつくりました。

　これを見せることで、同じ言葉、同じ表現をどのスタッフも確認できるので、基準を一定に保つことができます。ロールプレーイングの様子を動画として保存しておくこともいいでしょう。

●自分のロールプレーイングを客観的に見る

　自分が接客をしている様子を見たことがある方は少ないと思います。
　これは僕がＳ１サーバーグランプリ（Ｓ１）に出場したことで気付くことができたことです。Ｓ１のＶＴＲに収められた自分の接客を見ることができて、普段は気付かない動作のスピード、声のトーンなどを細かくチェックすることができました。
　プロのアスリートや役者の方々も、自分のプレースタイルや演技をＶＴＲで確認することによって改善点を見出しています。
　僕らも同じプロです。
　ですから、自分のロールプレーイングを恥ずかしがらず、マジマジと振り返りましょう。

●明確に評価・フィードバックをする

　ロールプレーイングを実施したことに満足してしまい、どの行動がどう正しかったのか、何が良くなかったのかを明確に伝えていない場合があります。また仲間内だと評価があいまいだったり、改善点を言わなかったりと、ロールプレーイングを実施した後に本来すべきことを省略してしまいがちです。

　ですから、相手のサーバーのためを考え、お客様のためを考え、よりシビアな評価をしましょう。

　教える側としては、スタッフ一人一人にロールプレーイングのゴールを「店ではこうやってやろう」という具合に明確に示すことが大切です。言葉で言いにくいときは無記名で紙に書いて集計をする方法もいいかもしれません。参加者一人一人が真剣にフィードバックをすることによって、一気にスキルがアップします。

　この最後にある「明確に評価・フィードバックをする」ことが何よりも大切です。

　店のスタッフ同士ではなれ合いの状態にどうしても陥りがちですが、ロールプレーイングでそれから一歩脱出しプロ集団になりましょう。

　僕が店長をしていた当時、その店ではオープン当初からロールプレーイングはしていませんでした。僕が店長となっていろいろな現場を経験していく中でロールプレーイングの大切さに気付き、ミーティングで実施するようにしました。

　まず、スタッフにロールプレーイングの重要性に気付いてもらうことが必要となりました。最初は労力がかかりましたが、回を重ねるうちにロールプレーイングがとても有意義であることを全員が気付いて

いきます。

　ロールプレーイングをした後「明確に評価・フィードバックをした方がいい」と言いましたが、最初からは難しいことも確かです。きちんと説明をすることなく突然このようなことをやったら、スタッフが違和感を覚えて不満がたまっていくかもしれません。
　ですから、ロールプレーイングを始める際にはスタッフがロールプレーイングの楽しさに気付くことから始めましょう。いきなりハードルを高く設定するわけではなく、まずはやりやすい環境で実施することが大切です。しかし、決して遊びではないので時間管理はきちんとしましょう。
　ちなみに僕のこれまでの経験では、ロールプレーイングの場が一番盛り上がるのが「電話対応」と「商品のお薦め」でした。

個人でスキルアップを図るトレーニング

　さて、ロールプレーイングをするほどスタッフが集まらないとか、まだメンバーにはそのようなことを言える環境や立場ではない、ということもあるかと思います。
　でも「自分でサービスレベルを向上させたい」という人へ、個人でのスキルアップ方法を紹介します。これは僕も日々実践していることです。
　それは「セルフイメージをする」ことです。これはロールプレーイングより優れた利点もあります。
　セルフイメージは自分自身と向き合うので、集団になってしまうと時

間がかかってなかなかできないさまざまな細かいシチュエーションをイメージできます。

それを第2章で述べた個人スキルアップの「5フロー」に基づいて実践します。

確認すると、

【気付き（先読み）→仮説を立てる→仮説の幅を広げる→実践→振り返り】

ですね。

集団でのロールプレーイングでは【実践】の前までを1シーンとして設定してから【実践】の部分を行い【振り返り】を行うというものです。

一方、個人の場合では【気付き】を自分で決めて【仮説を立てる】から【実践】までです。紙に書いて行う方が記録としても残ります。

プロとしてスキルアップを望むなら、1人でもしっかりと声を出して行いましょう。

チームスポーツのプロの選手たちがオフシーズンに自主トレーニングを行うように、私たちも自主トレーニングをしましょう。「陰の努力」は絶対に実を結びます。

集団でのロールプレーイングをしているときに、個人的にスキルアップを目的にする場合は習熟度によってシーンの設定をあえてあいまいにすることも大切です。

例えば「おそらく初めてのご来店の男女」くらいに設定することで、

実際に臨機応変に対応する能力は身に付きます。ここでのポイントは「対応力」です。

　お客様の動向を想定すると「i-Padなどのタブレット端末を常に開いているお客様への対応」など、時流に乗ったシーン設定も大切になってくるでしょう。

第5章 サービスストーリーを明確にしよう

では、サービスストーリーである「電話対応〜お礼状」の中におけるお客様に対応する各シーン別に、大切なポイントを押さえていきたいと思います。

1 電話対応

出るスピードと声だけで
空気感と安心感を伝えよう

　インターネットの普及によって、お客様は初めて行く店についてあらかじめホームページや飲食店検索サイトを見て、店の情報を得てからご来店されるのが一般的になっています。

　同時に「ご予約」が増えてきています。要するにたまたまご来店されたのではなく、店にしっかりと目的を持ってご来店される方が増えてきています。

このようなお客様のご予約時の心境は、以下のようなことが考えられます。

① 席が空いているか不安

　ご予約で指定するということは、ご来店の目的がはっきしています。

② 店の忙しさなどはお構いなく、時間帯に関係なく電話をしたい

　スタッフが賄い中であるか、ピーク時でものすごく忙しい時間なのか考えていません。

③ 店のスタッフの応対レベルには期待はしていないが、不安はある

　電話越しで相手の表情が見えないので、声のトーンや説明の仕方に敏感になっている。

●「電話対応」のポイントはこうなります。

★お客様が「不安」に感じている部分を「安心」に変える

　そのために店側では以下のような対応をしましょう。

① 電話が鳴ったら、3コール以内に出る

　電話のコールは、かける側に先にコールが鳴ります。つまり、店側が3回鳴ったら、お客様側は4回鳴っているということです。電話をかけて4コール以内で出てくれると、人は待たされた感じはしないですし、むしろスピーディな対応だと感じられます。そして、丁寧に迎えられているという印象を抱きます。

　僕も店のスタッフ同士で、電話が鳴ったらいかに早く取るかを競っていました。

② 電話に出たら「笑声（えごえ）」で対応する

　人は会話をするときに、視覚で85％、聴覚で11％を感じ取るそうです。電話では聴覚だけで会話をするので、声の質が非常に大切です。

　笑声とは仲の良い友人と楽しい会話をしているような、明るく楽しい声の質です。電話のみならず、すべての場面で大切な声の質といえるでしょう。そして、ハキハキと聞き取りやすい声でゆっくり話すことが大切です。それが安心感につながります。

　相手の方が急いでいるようでしたら、その相手の状況に合わせて臨機応変に対応します。

　ありがちなミスは無意識に忙しさを伝えてしまうことです。店がピーク時で忙しいときほど、つい声が早口になり、復唱するときなど、ぶっきらぼうに進めてしまいがちです。それではお客様はご来店する前に不満を抱かれる可能性があります。

　休憩中にも当然、ご予約の電話はかかってきます。そんなときでも目の前にお客様がいるかのように対応しましょう。たばこを吸いながら対応するなどは問題外です。お客様には見えないかもしれませんが「心」がありません。

　部下がいる人は部下はあなたの行動をしっかりと見ているので、しっかりとお手本になる行動を心掛けましょう。

ミスが生じないように復唱する

　僕が在籍した店では電話対応のロールプレーイングを料理長や厨房スタッフを含め全員で行っていましたが、格段に電話対応のレベルは向上しました。そこから議論は発展して、より書きやすく見やすい

予約台帳の作成にまで至ったこともあります。
　店で決めている、予約を受ける際の必要な項目があります。そのすべての項目に抜けがないようにお伺いしましょう。その際にお客様との会話の間に無言となることをより少なくすることが大切です。
　お名前や電話番号を予約台帳に記入するときは時間がかかるので、無言のときができやすくなってしまいます。その場合は「復唱」という技を使って無言の間をより短くしましょう。

　お客様にお名前をおっしゃっていただくケースを考えてみます。

（スタッフ）「ご予約のお名前を頂戴してもよろしいでしょうか？」
（お客さま）「佐藤です」
（スタッフ）「はい」

　このようにお客様に返事をしながら記入していると、「はい」の後に数秒の無言の間ができてしまいます。ですから「はい」から「佐藤様ですね」に換えます。
　「佐藤様ですね」に換えることで若干の間合いが生まれ、その間に文字を書くことができるので、より無言の間が減ります。
　さらに「佐藤様」と「加藤様」のように、似たような名前の方は名前を間違えられることが多いので、「佐藤様ですね」とハキハキした声で確認することによって、そのミスも未然に防げます。
　「はい」だけではミスを防ぐことはできないし、お客様も「間違えられてないかなー」と不安のままです。それでも名前の記入はミスが起こりやすいので、お客様にくどさを感じさせない程度に漢字のつづり

の確認をするとミスはゼロに近づきます。
　いずれにしろ、電話対応時に復唱をすることによってお客様に安心感をもたらすことができます。

●電話対応で「お客様の心境のゴール」はこうなります。
★早くあなたのお店に行きたい！
★あなたに会ってみたい！

2 お出迎え

ご来店の認知を大切に
久しぶりに「旧友に会う心」でお出迎えする

　お客様のご来店は、お客様と自分たち店のスタッフが初めて面と向かって顔を合わすシーンです。

ランチを営業している店や席数の多い店であれば1日に100組以上のご来店があるでしょう。店側からしたら「100組のうちの1組」ですが、お客様からしたらそのような感覚は一切なく「自分たちだけ」です。ですから、お出迎えは常に新鮮な気持ちで行いましょう。

　第2章で述べた通り、ここでは「ファーストインプレッション」が何よりも大切です。ご案内時はお客様にとってファーストインプレッションの大切な瞬間です。

　ファーストインプレッションがいいと、その後のお客様は店のいいところを無意識に探すようになり、ファーストインプレッションが悪いと、その後お客様は店の悪い部分を無意識に探すようになる、と述べました。

　よくありがちな悪い例は「お客様のご来店に気付かない」ということです。

　入店したのにスタッフが誰も気付かない。そしてお客様は待ちぼうけ。ひどいものになると近くで接客しているスタッフがいるのに、壁のように扱われる状態。お客様からしたら「何だよ！」となります。場合によっては「すみませ――んっ！」と大きな声を掛けられます。これは非常に残念なことです。

　確かに忙しい店内での接客中には、お客様の入店に気付かない、気付いたけど接客中で対応できないということもあるでしょう。でも、そのときに大切なのは「認知」（「気付いていますよ」ということ）をお客様に伝えることです。

　忙しく接客中でも、ちょっとだけ目線を合わせてアイキャッチするだけでお客様は安心します。「あー、ちゃんと気付いてくれているんだな」と。

このように安心感をもたらすことで、お客様は「今はちょっと忙しいようだ。でも気付いてくれたから大丈夫だな」となります。いい店と悪い店の差は「認知の0.5秒の差」です。
　そして、いざお出迎えです。

●「お出迎え」のポイントはこうなります。
★店のドアが開いたら、お客様に笑顔でアイコンタクト

　自分が入り口近くにいて、お客様が入り口に入りかかったのを見たら、笑顔で元気に「こんばんは！　いらっしゃいませ！」と言います。
　この「こんばんは！」の部分がとても大切です。「いらっしゃいませ！」だけだと、お客様はその言葉に対して返す言葉が見つかりません。お客様が「いらっしゃいました！」とは言えないでしょう（仲の良いお客様は除いて）。
　しかしながら、あいさつ言葉の「こんばんは！」に対して、お客様も「こんばんは！」と返すことができるのです。「こんばんは！」とあいさつをしても「こんばんは！」と返してくれるお客様は少ないでしょうが、心の中では心地よいはずです。
　そのときに好感を持っていただける対応は「本当に歓迎されている！」とお客様が感じるお出迎えです。
　例えて言うと、「久しぶりに旧友に会ったときのような心」でお客様に接しましょう。「おおー！　久しぶり！」のように「会えてうれしい！」といった心境です。
　実際「全国に星の数ほどある店の中から自分の店にお越しいただいている」と考えたら「来てくれてうれしい！」という感情も湧きます

(「200％歓迎！」みたいに)。

　もちろん声に出さなくてもいいことですが、それほどの気分でお客様をご案内しましょう。

　とはいえ、高校生とか10代のアルバイトで「久しぶりに旧友に会う」という感覚がピンとこないメンバーもいるでしょう。そういう場合は「久しぶりに大好きな親戚のおじさんに会う」といったイメージを伝えるといいでしょう。

　高単価で落ち着いた雰囲気の店では、大きな身ぶりや声は出せませんが「心」は伝えられます。「久々に会ってほほ笑ましい」という感じです。自分が今いる店では、お客様とどのような距離感でお出迎えをするかを明確にすることが大切です。

●お出迎えの「お客様の心境のゴール」はこうなります。
★やっぱり、このお店を選んで良かった！

Waitingのお客様への対応

　店が満席になると、お客様にお並びいただくこともあるでしょう。
　この場合、ただ「満席なんですみません」としか対応せず、「わざわざ当店にお越しいただいてありがとうございます」という気持ちがほとんど感じられない店もあれば、「ご来店ありがとうございます！せっかくお越しいただいたのに申し訳ないんですが、現在満席なんですよ！　でも、せっかくお越しいただいたのであと何分くらいでお席が空いてご案内できるか、とりあえず確認してきます！」という店もあります。

この2つの対応の仕方は、お客様に与える印象が大きく違うことは言うまでもありません。
　後者の場合、お客様は「歓迎されているなぁー」と思われるでしょう。
　実際になかなかお席が空かなくてすぐにご案内できない場合でも、「お席が空いたらご連絡いたしましょうか？」と言って携帯電話の番号を伺ったり、「次回ご来店いただけたら、乾杯ビールをプレゼントします！」とあらかじめ作製したチケットを差し上げるのもいいでしょう。
　重要なことは「店の入り口までお越しいただいたお客様を大切にしよう！」という気持ちを持つことです。

●Waitingのお客様への姿勢はこうなります。
★店に来ていただいて楽しんでもらおう！

　その「心」が伝われば、居酒屋であれば遅い時間に何軒目かでお越しいただけることもあります。
　「じゃあ入り口で待つよ」というお客様がいらっしゃったら、随時「認知」を伝えることが大切です。
　大抵の店は【満席時＝忙しい】となり、お待ちいただいているお客様をないがしろにしがちになります。
　しかしながら、お待ちになっているお客様の心理状態は「不安」です。「席はそろそろ空くって言われたけど、本当かな？　実際は何分待つんだろうか？」という具合です。
　ですから、店側は「皆さんがお待ちになっているのをしっかりと認識していますよ！」という「認知」を伝えましょう。

具体的には「今お会計が終わったので、あと3分後にはご案内できます」とか、「今お席を片付けていて準備中ですから、90秒ほどお待ちください」という感じに、明確にわかりやすく伝えましょう。

　東京ディズニーランドは待ち時間が多いテーマパークですが、最初の段階で並ぶ列の入り口に必ず「○分待ち」と表示があります。お客様はそれを信頼して列に並びます。そこには安心感があります。これがもし、待ち時間が表示されていなかったら何分待つのか不安だし、積極的に「並ぼう！」とは思いませんね。

　ですから、飲食店でもお待ちのお客様には「あと○分ほどです」と、具体的な待ち時間をお伝えしましょう。もし待ち時間が把握できなかったら、グラスビールをサービスでお出しするなどして「お待ちしている間も店側はウエルカム状態ですよ！」ということをアピールしましょう。

　居酒屋やアラカルトのレストランだったら、メニューブックをお渡しして、メニューを考えながらお待ちいただくということもいいでしょう。

●Waitingの「お客様の心境のゴール」はこうです。
★感じがいいから待とう！
★今日は入れないけどまた来よう！

3 お席へのご案内

「アチラです」とは絶対に言わない

　お出迎えの次は、お客様をお席にご案内します。そのときにありがちなのが、腕を大きく上げて不特定多数のお席を指して「アチラのお席にどうぞ」というご案内です。

　お客様にとっては「アチラってどこ？」という気分になります。つまりスタッフが示す〝アチラ〟と、お客様にとっての〝アチラ〟は必ずしも一致しません。〝アチラ〟だけで対応すると「不親切な店よねー」と思わるかもしれません。

　ですから〝アチラ〟というご案内はNGです。

　必ず「コチラのお席へどうぞ」と、しっかりとお客様を先導してお席に誘導しましょう。

店によっては、お客様に自由にお席を選んでいただくということで「空いているお席にどうぞ」というご案内もあるでしょう。ただし、お席の情報は明確に伝えましょう。

　例えば、禁煙席をご希望のお客様には「禁煙席はコチラのエリアですので、コチラの中で空いているお席をご自由にどうぞ」という具合です。このケースで言えば「どこが禁煙席で、どこが喫煙席なのか？」という情報を共有します。

　しかしながら、スタッフに欠員が急きょ出て、毎回ご案内の先導ができないという場合は詳しく伝えましょう。「通路突き当たって、左の一番奥のお席へどうぞ」という具合です。

　これは、ご案内の最終手段として覚えておくとよいでしょう。

● 「お席へのご案内」のポイントはこうなります。
★お客様を先導する
★分煙がある場合は禁煙・喫煙の情報を伝える

　店によっては店の中での担当が決まっていて、ご案内の途中で先導するメンバーが代わる場合があります。その際にはお客様の前でお客様の情報を引き継ぐのではなく、あらかじめ情報を引き継ぐ担当者に伝えておくことがベターです。

　お客様にとって、メンバーの引き継ぐ相手が「えっ？　何名様？」とか目の前で言われると聞き苦しいはずです。

　ですから、引き継ぎはスムーズに行いましょう。そして引き継いだメンバーは無言で受け渡されるのではなくて、先のメンバーから引き継いだ情報をお客様にさらりとお伝えしましょう。

「3名様、禁煙席はコチラでございます」という具合に。

これでお客様も安心します。「あぁ、情報がしっかりと伝わっているな」と。

無言のまま引き継がれると「新しい人はちゃんと私たちのことわかっているのかな？」と不安になってしまいます。

これもチームサービスの重要なポイントです。

お客様の表情を見逃さない

そして、ご案内のときに最も大切なことがあります。それは「お客様の表情を見逃さない」ことです。

店には「ご案内の順番のルール」があります。「1組目はこのお席で、2組目はこのお席」とか、「客数が少ないオープン直後やアイドルタイム、深夜帯はスタッフの目の届きやすいスタッフ動線の近くやバックヤード近く」であったり。

このような場合、スタッフもちょっと後ろめたい気持ちがあるのか、ご案内してそそくさといなくなってしまいます。これはナンセンスです。だから「お客様の表情を見逃さないようにする」ことが大切なのです。

例えば先ほどの例から、オープン直後で2組目のお客様がご来店されたとして、店都合のお席にご案内しようとすると1組目の隣のお席にご案内することになります。

しかしながら、お客様心理では「こんなに席が空いているんだから、ちょっと離れたあの席に座りたい」という感情をほとんどの方が持ちます。そこで「えっ？」っという表情だったり「キョロキョロしたり」します。

その表情に気付いたら、すぐに別のお席をご提案しましょう。
　お客様としては1人で静かに物思いにふけりたいのかもしれませんし、これから取引先の方と打ち合わせをするのかもしれません。
　ですから、お客様のご案内を店の都合で行ってはいけません。
　前述した「コチラのお席です」と先導できずに、お席の場所をお客様にお伝えした場合、お客様の表情をすぐにはうかがうことは難しいので、あらためてお席に伺って「コチラのお席でよろしいでしょうか？」と尋ねましょう。
　お客様にとってのベストなお席をくみ取って、ご案内ができた方がいいのは言うまでもありません。日本の場合、多くのお客様は「こうしてほしい」という心の叫びをなかなか言葉には出しません。ですから、心の中の不満をなくしていくことを大切にしましょう。
　さらによくあることが、お席が9割がた埋まっている状態で4人掛けテーブルと2人掛けテーブルだけが空いていて、そのときに2名様がご来店した場合、店のルールでは「2人掛けテーブルにご案内する」となっているでしょう。しかしこの場合、2人掛けテーブルへのご案内は正しくはありません。
　お客様としては広い方がいいわけです。書類を広げて打ち合わせをする可能性もあります。お客様のご来店の背景はたくさんあるので、店のルールを一律に決めないようにしましょう。
　ただし、席数が少ない店では席効率は重要なことなので、しっかりと基準を定めるべきです。
　2名様をカウンター席へご案内する際、「カウンターかー」とがっかりされる人は半数近くいらっしゃるようです。でも、カウンター席にしかご案内できない状況もあります。

そういうときは、お席にちょっとした形容詞を付けると好感が持てます。それは前述の「コチラのお席です」でも同じです。「ゆったり座れるカウンター席へどうぞ」とか「臨場感のあるコチラのカウンター席へ」などのように語り掛けます。
　スタッフによるお席の選定は、お客様が滞在する時間のすべてに影響を与えます。お客様が店の平均滞在時間より２割程度以上早く帰られる場合は、お席に満足をいただけなかったことが要因になっている可能性が高いのです。
　ですから、お席の選定はとても重要なことだと認識しましょう。

お客様に圧迫感を与えない

　いざ、お席へのご案内が終わったら、お荷物や上着をどうするかということが重要になります。テーブルや椅子の下にお荷物を置くところがある店であれば、そのことをしっかりと伝えましょう。上着を掛ける場所が別にあるならば、それもすぐに伝えましょう。
　「そんなこと、お客様に言わなくてもわかるだろう」といった感覚は絶対にＮＧです。
　お客様からお荷物や上着をお預かりする場合は、お客様を急がせないことが重要です。
　ありがちなのは、お客様の真横に立った状態でお客様が荷物や上着を渡してくるのを無言で待っていることです。これはお客様に圧迫感をもたらします。
　「うわっ！　隣でスタッフさんが待っているから急いで上着脱がなきゃ！」という具合に。

ですから、そういうときは笑顔で「ゆっくりでいいですよ」とお伝えしましょう。
　お客様から上着をお預かりするときには「貴重品、おたばこ、携帯電話」のお取り忘れがないかを必ず聞きましょう。

●お席へのご案内の「お客様の心境のゴール」
★ここに座りたかったのをわかってくれた！

4 お席でのファーストアプローチ
（店全体の説明　メニューの説明）

ご案内する前にお席を「健全な状態」に保つ

　さー、お客様にお席にお座りいただきました（立ち飲みの店でしたら、お席で落ち着きました）。
　ここで大切なことは「お席が健全な状態に保たれているかどうか」

です。せっかくここまで100点満点のご案内ができていたとしても、テーブルの上が汚れているとか、掘りごたつ席の床に前のお客様がこぼしていったソースや何かが残っている等々、お席が健全の状態ではない場合があります。これがお客様にとって一番不快なことです。

仮に、スタッフの1人が何かミスをしてお客様の満足度が下がるようなことをしてしまった場合、そのお客様はその当事者のスタッフ1人を否定します。「あのスタッフは駄目だな」という具合に。

しかし、テーブルなど店の備品に不備があった場合、お客様の不満の矛先は店全体に向かいます。「この店は駄目だな」となります。

ですから、店の備品に関わるものは「健全な状態が保たれているか」をしっかりと確認しましょう。ホスピタリティをもたらすものは動的なサービスだけではありません。店の備品とその状態もホスピタリティです。

「心を込めた一言」であいさつをする

お客様がお席に座って一息つきました。ここからがサーバーの腕の見せどころです。

まずは、あらためて「本日は（も）ご来店いただき誠にありがとうございます」という、感謝の気持ちを伝えましょう。

最近では、お客様をお席へ誘導している途中に「いらっしゃいませ！」とコールを掛ける店が増えてきています。全員の声がそろっていたり、あえて個人が別々にコールしたりと、その表現は店によってさまざまです。

この場合のポイントは前述したように「厨房の一番奥にいて洗い物

をしているスタッフが心を込めてコールをしているか」ということです。お客様に「形式的に言っているだけだ」と思われるようでしたら、言わない方がましです。

お客様に「いらっしゃいませ」を伝えるときは、個人で行うことを基本にしましょう。全員で行う「いらっしゃいませ」のコールは、あくまでも「全員で行うパフォーマンス」です。このパフォーマンスの後に「人対人」という認識で、もう一度「いらっしゃいませ」を伝えましょうということです。

それが雨の日であった場合「本日は、雨の中ご来店いただきありがとうございます」などを付け加えると印象が良くなります。ただし、雨の日はこれ、暑い日はこれ、といった正解はありません。

そのときにあなたが感じた一番の「本日は（も）ご来店ただき誠にありがとうございます」を愛嬌のある笑顔で伝えましょう。

「どのようなお客様か」を共有する

もう一つ、お客様をご案内するときに大切なことは、ご案内担当の人が、どういうお客様がご来店されたかをしっかりと見ることです。

例えば、常連様だったら、そのことを他のスタッフに伝えます。ご案内担当以外のスタッフも、どんな方がいらっしゃったかをしっかりと見ましょう。

このことをスタッフ全員が把握することで、その後の動きは変わるはずです。

例えば、ドリンク担当者だったら夏場に男性２名様がご来店されたらファーストオーダーの予測を立てて、ビールジョッキの準備にかか

ります。そうすれば1秒でも早くお客様にファーストドリンクを提供できる可能性が広がります。こういうご案内のシーンで大切なのは、各スタッフ（キッチンを含め）が、お客様が何名様でどこのテーブルにお着きになったかを把握することです。

　これはクローズドキッチンでも、ご案内担当（レセプション担当）の人がしっかりと「〇卓に〇名様ご案内しました」と伝えましょう。肝心なのは「情報を共有すること」です。

　この共有がないと、スタッフ全員の意思統一が図れず、何らかの形でミスが起こる可能性が出てきます。

　そして、お客様を担当するスタッフは、そのお客様が「何を望んでご来店しているのか」「予算はどのくらいなのか」という仮説を立てましょう。お客様の持ち物や身なりをしっかり考察することも大切です。

　例えば、
- スポーツ帰りの格好をしている女性4人組
- ビシッとしたブランドスーツを着て、高級腕時計を光らせる男性と女性のカップル
- 明らかに2軒目以降で、顔が赤らんでいる40代風男性3人組

　この3組にはお薦めするものは当然異なります。予算も異なります。見当違いのものをお薦めしても意味はありません。

おしぼりは「場の空気」をつくる

　そして、お客様に「おしぼりやお冷やを提供する」「店の説明をする」という流れになります。

　まず、おしぼり提供を考えてみましょう。

衛生面を考慮して、密閉袋に入った紙おしぼりをカトラリーセットの中にあらかじめセットしている店もあるでしょう。その場合は「おしぼりはそちらです」としっかりと伝えましょう。お客様は布おしぼりが提供されると思っている方もいらっしゃいます。
　おしぼりを渡すときに重要なポイントは3つあります。
① 両手を使って丁寧に渡す
② 心から「お疲れ様です」と言いながら渡す
③ 上座のお客様から順番に渡す（一番身分の高い、またはゲストのお客様から）
　ここでのポイントは笑顔で渡して「場の空気」をつくることです。
　上司と部下の関係、接待、デート、仲間等々、お客様のそれぞれの環境はさまざまです。場の空気が硬くなっているテーブルもあります。
　そういう場合は、お客様が僕らスタッフに対して話しやすい雰囲気をつくりましょう。そうすることによって、後々楽しいテーブルに変化します。

●お席でのファーストアプローチでの「お客様の心境のゴール」はこうなります。
★私たちのことを大切にしてくれている！

5 メニューの説明

初めてのお客様には
店の全体像を紹介する（MAPの法則）

　そして、ご来店されたお客様に料理内容の説明をします。

　初めていらっしゃったお客様はここがどんな店か知りたがっています。

　あなたが初めて訪れたアミューズメントテーマパーク（例えば、東京ディズニーランド）の入場ゲートを通ったとき、まず何をしたでしょうか。それは、ガイドマップ（全体マップ）を開くことだったと思います。そこで「○○がここにあって、△△があそこにあるからまずは、△△に行った後に○○に行こう！」となったはずです。

　飲食店にはメニューはあるものの、全体マップを用意している店はなかなかありません。

　だからこそ、サーバーが言葉で全体マップ（全体像）をお伝えす

るべきです。その店のメニューの全体像をお伝えして、その後に詳細のお薦めをするようにします。

　よく、お薦めをするときに「当店のお薦めはこれなので、ぜひこの商品を頼んでください！」といった具合に、一押しメニューだけをお薦めしてしまう傾向がありませんか。

　でも、店の全体像を知った後に「そのお薦めを頼むかどうか決めたい」というのがお客様心理です。

　初来店のお客様だとわかったら、こちらから歩み寄っていき店の全体像の説明をして差し上げましょう。

　例えば、このような具合です。

　「当店の料理は大きく6つのカテゴリーに分けられます。その中でもメインとしておりますのが炭火焼で、炭火焼も3つに分かれます。『魚介や干物』『地鶏』『旬の野菜』の3つです。それ以外にも『お刺し身などの鮮魚』『小鉢サラダなどの逸品物』、最後に『ご飯もの』です。ではもしよろしければ、各カテゴリーの中から1つずつお薦めをご紹介いたしましょうか？」

　このように簡単に全体像を説明し、お薦めをお伝えすると、お客様もわかりやすく店側もお薦めを伝えやすくなります。

●メニューの説明での「お客様の心境のゴール」はこうなります。
★どんな店か大体わかった、さー何を頼もうか

6 ファーストオーダー受け

今お客様は何を望んでいるかを把握する

　ここまでの段階になると、お客様は頼みやすい状況になっています。ここがどんな店で、何を食べればいいのかを理解している状態です。
　お客様の最初の注文はドリンクのみの場合もありますが、先に料理の注文をされたお客様には料理のオーダーを先に受けましょう。
　少しストーリーをさかのぼって説明します。
　【お席へのご案内の後、おしぼりを提供し、店の全容を説明する】
　これが基本パターンですが夏の暑い日は、お客様は料理の説明やおしぼりよりも、まず「ドリンクが欲しい！」というケースが多くあり得ます。
　ですから、あくまでこの順番は形式であって、その一瞬一瞬でお客様は何を望んでいるかを見抜かなくてはいけません。

暑いからビールをすぐに飲みたいのに、店の説明を長々とされたらたまりません。

常に例外が存在することを頭に入れておきましょう。

では、お客様がファーストドリンクを注文したいときのケースに戻ります。

ここで簡単な問題を一つ述べます。

お客様はメニューブックを見ているとき、ほとんどの方はのぞき込むようにして見ています。そして、自分の頼みたいメニューが決まったら、お客様はどのようなアクションを取るでしょうか。

答えは簡単です。スタッフを呼ぶために顔を上げてスタッフを探します（押しボタン式の呼び鈴を使用している店は例外です）。

ここで、優れたサーバーと並みのサーバーの違いが出ます。

優れたサーバーは、お客様が顔を上げてスタッフを探した瞬間にアイコンタクトをして「今お伺いします！」を伝えられます。お客様が「すみませーん」の声を出す前に伝えられます。並みのサーバーは「すみませーん」と呼ばれるまで気付きません。呼ばれるというのは受け身なので、自分のペースで担当箇所の支配ができなくなります。

このように、ちょっとした心地よさを感じてもらえるようなオーダー注文の受け方をすることが大切です。

●ファーストオーダー受けの「お客様の心境のゴール」はこうなります。

★やってほしいことをわかってくれるなんてさすがだ！
★頼みたいときに、すぐに気付いてくれて頼もしい！

「お薦め」の説明をするときに注意すること

　ここまでで、お客様は店の全体像を大体理解してくれています。

　次は、ぜひ召し上がっていただきたいメニューの紹介、説明です。

　ここで大切なポイントがあります。前述した店の全体像を紹介するときと同様に、お客様に「時間の猶予を与える」ことが重要です。

　これはあくまでも私の例です。

　服を買いに行くときに店内にふらりと入って商品を眺めていて「この服、ちょっと気になるな」と思って、ちょっとだけ手に取った瞬間に、「このデザインは○○で……」と、あくまでも善意からでしょうがスタッフの説明が始まると、こちらが気恥ずかしくなって次の商品を手に取りにくくなってしまいます。

　おそらく日本人の多くの方は、同じような経験をしたことがあるのではないでしょうか。「近くにスタッフがいるからゆっくり服を選びにくい」という感じです。

　飲食店でも同じことが言えます。

　このような感情をお客様が抱いてしまったら、お客様は「押し付けがましい店」というレッテルを貼ってしまうかもしれません。

　ですから、スタッフはお薦めをお伝えしたら、一度お客様に「メニュー決定を考える時間的猶予」を与えましょう。

　お薦めし終わった後に「では、一度ご検討いただいて（考えていただいて）メニューが決まりましたらお呼びください」といったことを伝えることがベターです。

　さらに、お薦めが裏メニューなどでその価格を伝えない場合、お客様は「おいおい、それって幾らなんだよ……」と無意識に感じている

場合も多いでしょう。ですから、しっかりと価格を伝えた方がお客様にとっては親切です。

しかし、接待などで値段を伝えることが逆に失礼になるケースもあるので要注意です。

ここまでに2つの大切なポイントとして「時間的猶予」と「価格の紹介」がありました。この2つのポイントを理解した上で、いかにお客様にお薦めをお伝えするかを考えましょう。

お薦めをする際に【お薦めのカテゴリー】は4つあります。
① **自分のお薦め**（スタッフが好きなもの）
② **店のお薦め**（店のメインの商品や旬の食材を使用したもの）
③ **お客様にとってお得なお薦め**（コストパフォーマンスが高いもの）
④ **お客様個人に合ったお薦め**（飲んでいる飲み物との相性がいいなど）

サーバーはこの4つのお薦めを、自分の武器として持っているべきです。

初めてご来店されたお客様には、②の「店のお薦め」は必須になります。その状況を判断して①〜④のお薦めを使い分けましょう。

料理の内容と味を具体的に説明する

では、どのようにして伝えるかです。

そのポイントは「簡潔明瞭に」「お客様が頭の中で絵として思い浮かぶ」「音まで聞こえる感じがするように」ということです。

音まで聞こえる感じというのは「アツアツのモノでジュージューといった擬音語がイメージをかきたてる」といったものです。

お薦めの際は言葉の内容が抽象的にならず、料理の内容と味をより具体的にお伝えすること。そこから派生して、食材の産地の話やメニューの由来に触れてもいいかもしれませんが、長々としてはいけません。長々とお伝えしていては本当に大切なポイントが薄れてしまいます。ですから簡潔明瞭に行いましょう。長くて20秒ほどです。

　自分でしっかりと説明すればするほど、ご注文していただきたくなるものですが、最初のポイントの一つである「時間的猶予」をしっかり提供しなければなりません。サーバーがお客様からお任せされる以外、メニューを決定するのはあくまでお客様です。

　お薦めした商品をお客様からご注文いただけたら、その商品が適切な時間でお客様の元に届くかを見届けましょう。

●お薦めを説明するときの「お客様の心境のゴール」はこうなります。
★お薦めの内容がわかりやすいからイメージしやすい！
★注文をせかされたりしないからゆっくりメニューを選べる！
★お薦めしてもらったものを頼みたい！　早く食べたい！

フードメニューのファーストオーダー

　お客様は料理のご注文に移ります。
　お客様がオーダーをしたいタイミングはドリンクの注文のときと同じです。
　ただしお客様の様子をジロジロ見ていると、お客様には「うわっ、スタッフさんから常に見られている気がして居づらいな……」と思わ

れてしまうかもしれないので要注意です。

　そこで、ベストのタイミングを見計らってお客様の元に飛び込みましょう。

　フードメニューのご注文のときに、大切なポイントは３つあります。

①　召し上がるメニューをコーディネートする

　お客様の要望を聞きつつ、ご注文いただくメニュー全体をコーディネートして差し上げましょう（常連様など店のことを熟知しているお客様には必要ありません）。

　例えば、刺し身と肉の炙（あぶ）りを注文したお客様には、さらに野菜物をご提案します。フードメニューのカラーコーディネートを考えることも素晴らしいことです。

　もちろん、ドリンクとの相性を考えることも重要です。

②　お客様と同じ言葉を使う

　お客様は店で名付けた品名以外の言葉を使うことがあります。例えば、メニューには「ライス」と書いてあるのに「白ごはん」とご注文されるように。

　こういう場合は、お客様が使った言葉でお話ししましょう。お客様が使った言葉を店の用語で言い直されると、お客様は「別に言い直さなくても……」という心情を抱きがちです。略して言われたものは正式名称でOKです。

　ただし、難しいお酒の名称などをお客様が間違えて読んでいたら、正しい名称をさりげなく教えて差し上げた方が、そのお客様の今後のためになり、ありがたいことです。

③ ご注文のメニューを間違えないこと

　ファーストオーダーは確実に間違えないようにしましょう。前述の通り「ファーストインプレッション」はものすごく大切です。

　この「ファーストオーダーを受けて提供するまで」がファーストインプレッションなので、ここで間違えてしまうと、それまでお客様が感じてくれた「安心感」や「満足」が逃げていってしまいます。ですから、慌てずに間違えないようなペースで注文を受けましょう。

　ファーストオーダーは注文する量が多いケースがあるので、お客様の話すペースを把握しながら、自分がミスなく注文を受けられるペースになるような「オウム復唱」をしましょう。新人スタッフにはこの部分をきちんと教育しましょう。

最適な「オウム復唱」の仕方

　例えば5人でファミリーレストランに行って、一人一人が別々の商品を注文したとすると、スタッフが「ご注文を繰り返します。○○ハンバーグが1つ、こちらはライスが1つ、サラダセット付き。そして○○ステーキが1つ、大ライスが1つ、スープセットが1つ……」といった感じになります。

　その復唱の最後の方になると、大抵の人が「復唱が長いな……」と感じていることでしょう。居酒屋やカジュアルレストランでしたら、最初以外は聞いていないお客様もいるかもしれません。

　しかしながら、復唱は必ずしなければいけません。スタッフが聞き間違えをしていたり、聞き逃しをしてしまっている可能性もあります。お客様がメニュー名を間違えている可能性もあります。だからオー

ダーの復唱は必ず行いましょう。

では、どのような復唱の仕方が心地よいか。それが「オウム復唱」です。お客様がメニューを言ったら、オウムのように返すのです。

〈例〉

(お客様)「○○ハンバーグを1つ」(ここで間髪入れずに)

(スタッフ)「○○ハンバーグを1つ」

(お客様)「ライス」

(スタッフ)「ライス」

………

そうすると毎回復唱確認ができるとともに、自分の復唱スピードを調整することによって、ハンディターミナルに打ち込むこともできるし、手書きの場合は書き込む時間をつくれます。

その場でメニューの確認ができるからミスも減り、時間もつくれ、お客様のストレスもない、というのが「オウム復唱」のメリットです。

●フードメニューのファーストオーダーでの「お客様の心境のゴール」はこうなります。

★**全体のバランスを考えてお薦めしてくれるなんてすごい!**

★**ストレスを感じなくてスムーズに注文できた!**

7 オーダー商品のご提供

常に気配り、目配りを心掛ける

これは「ファーストインプレッション」に含まれる最後の項目です。オーダー商品を提供するときの大切なポイントはこうなります。

① 商品の向き
② スペース
③ Wストップ&アクション
④ 取り分けられる?
⑤ 何よりも表情!
⑥ 最後のスパイス

これらを順番に解説しましょう。

① 商品の向き

　料理には必ず正面があります。最もわかりやすい例は刺し身。刺し身は大根のつまと大葉が添えられて盛り付けられていますが、大根のつまを背後にして刺し身が正面に見えるのが正面です。

　さらに皿の向き。例えばスープのように、どの角度から見ても同じ向きに見える料理があります。その場合は、皿に印字されている店名やブランドが一番見やすい位置が正面です。

　これらの向きをしっかりと理解した上で、お客様に提供しましょう。

　数名で召し上がる料理の場合、基本はゲストの方に正面を向けます。よくありがちな失敗例は接待など、ゲストとホストがはっきりしているにもかかわらず、ホスト側に正面を向けてしまい、ホスト役のお客様がゲストに気を使って皿を回転させることです。これだけで店の品格を見抜かれてしまいます。多くのサーバーは社会経験の少ない若いスタッフであることが多いので、特に注意しましょう。

　店の品格が低いと感じたお客様は、その瞬間から安心感を抱きません。たかが皿ですが、お客様はとても敏感です。

② スペース

　1皿目の料理を提供する場合、数名で取り分ける料理はテーブルのほぼ中央に置きます。では2品目からはどうでしょう。皿を置くスペースが限られてきます。よく見掛ける光景は、大きな皿で現状テーブル上にある皿を動かさない限り提供できない状態であるのにもかかわらず、テーブルまで持って行き「お待たせしました！　○○です」と伝え、お客様が忙しく今ある皿をずらしてスペースを確保するといったものです。

さらにひどいのは、皿で皿を押しながら提供するケースです。

そのテーブルの担当であれば、どのような料理がどのタイミングで出てくるか見当はつきます。ですから、料理を提供する前にそのテーブル上のスペースを確保する行動を取りましょう。

もちろん、頻繁にテーブルの上を動かされることを嫌がるお客様もいるので、しっかりと見極めをしましょう。

テーブルに2品目の料理を提供するときに「お客様には何もさせない」というくらいの意識を持って対応しましょう。

③ Wストップ&アクション

商品を提供する際の主役は料理（商品）です。では、どのようにして料理を引き立てるのでしょうか。

まず、悪い例は「流れ作業的な提供」です。サーバーが料理を持って早足でテーブルに近づき、1ｍくらい手前から「失礼しまーす」と言いながら、そのままの勢いでテーブルに料理の皿を置いて、そのままの流れで立ち去っていくという提供の仕方をしている人がいますが、これは忙しい店を回すことに頭がいっぱいで商品に対しての意識を欠いています。

しかしながら、お客様のご来店の理由は楽しく料理を食べ、飲み物を飲むことです。店はこれをきちんと行わないといけません。

そのために必要なことは「ストップ&アクション」をすることです。

お客様のテーブルはお客様のものです。ですから、お客様のスペースに入る前にしっかり「ストップ」します。これは学校の職員室に入るイメージです。

職員室に入るときは、いきなり戸をガラガラと開けません。扉の前

で「ストップ」をして「失礼します」と言って扉を開けます。

　これと同じ感覚で、お客様のスペース（テーブル）に対して言葉のノックをしましょう。そして、テーブルに料理を提供する「アクション」をします。これが「ストップ＆アクション」です。

　ここのタイトルは「Wストップ＆アクション」です。要するに、テーブルに入るときに一度ストップ＆アクションをし、もう一度ストップ＆アクションをするということです。2度目のストップ＆アクションは料理へのストップ＆アクションです。

　料理をスムーズに提供するのではなくて、一度お客様全員がなるべく正面で見える位置で料理をストップして料理を見せます。ここで初めてお客様が料理を認識します。アツアツ出来たてのものは湯気が立っていて、お客様から歓声が上がるかもしれません。

　このときのお客様の表情が重要です。これについては⑤の「何よりも表情！」のところで詳しく解説します。

　2回目のストップのときに大切なことは「料理を視線で引き立てる」ということです。自分の視線でアツアツの出来たての料理をお持ちしたことを表現するのです。

　お話に夢中になっているお客様に対しては、お客様の会話を止めてしまってはいけません。しっかりと空気を読めるサーバーになりましょう。

④　取り分けられる？

　数名で取り分ける大皿料理の場合、「サーバーが取り分けるか」「お客様自身に取り分けていただくか」の2つに分かれます。

　お客様にとっては前者の方が楽で、喜んでいただけます。サーバー

が取り分けながらお客様に料理の説明をすることで、お客様は安心感とともにサーバーに親近感を持ってくれるでしょう（お客様のテーブルの空気や店のコンセプトによりますが）。そこからお客様の会話が弾み、お客様がサーバーに親しみを持って名前で呼んでくれるようになることもあります。

最近では、後者のように「お客様のテーブルの空気を邪魔しない」「お客様自身が取り分けることで、お客様同士（例えば、上司部下の関係、カップルや合コンなど）が醸し出す親近感を大切にする」という理由でサーバーが取り分けをしない店もあります。

その場合はテーブル上に取り分ける皿があるかどうかをしっかりと確認しましょう。

テーブル上に置かれた取り皿は大体が1人1枚、多くて1人2枚分です。最初にサラダを提供した後にその皿を使用するとしたら、次の料理を提供する際には新しい皿が必要になります。新しい皿がないと料理の味付けを混ぜてしまいます。このようなことはキッチンのスタッフに失礼ですし、何よりそのような状態で料理を召し上がっていただいてはいけません。

ですから、新しい料理を提供するときには事前に取り皿の確認をしましょう。ファーストフードオーダーをいただいた段階で、これから取り皿が何枚必要になるかわかるはずです。

さらにお客様に料理を取り分けていただく場合、取り分け用のトングやおたま、菜箸をホスト側が取りやすいような向きに置いて差し上げましょう。ゲスト側に向けたら「俺に取り分けろっていうサインか？」と思われるかもしれませんので、ホスト側が取り分けやすいようにします。男女のグループでしたら、女性側に向けるのが自然です。

⑤ 何よりも表情！

　料理を提供するときにサーバーが無表情の場合と、表情豊かな場合とでは料理のイメージが変わります。サーバー自身が「この料理はいつ見てもおいしそうだな！　これを食べられるなんてうらやましいな！」くらいの感情を持っていると笑顔が自然に生まれます。

⑥ 最後のスパイス

　サーバーは生産者から始まった「食材リレー」のアンカーです。要するに、生産者様、流通業者様、卸売業者様、調理人の流れを経て、料理を召し上がるお客様へ届ける最後のランナーです。

　その最後に当たる、お客様に提供するサーバーだけができる味付けがあります。それが最後の「スパイス」というものです。

　例えば「鯵のお造りです」と言うのと「本日水揚げされた鯵のお造りです」と言うのや、「出汁巻き玉子です」と言うのと「巻きたての出汁巻き玉子です」と言うのとでは、お客様に与える印象が全く異なります。これらの言い方のそれぞれの後者が最後のスパイスです。

　最後のスパイスは長々と言わず、サラッとこの店だからこそできる特徴を伝えましょう。

　さらに⑤の「何よりも表情！」と「最後のスパイス」を組み合わせれば、料理をさらに引き立てることが可能です。これが「サーバーの力」というものです。

　ビールを提供する際に「おいしいビールです！」と言うだけでもお客様の心情は高まります。

　以上の６つのポイントをまとめると、サーバーに必要なことは「商

品知識を持つ」「お客様に負担をかけない」「料理を引き立てる言葉遣いをする」ということになります。

調理のスタッフが心を込めて、手間をかけて料理をつくっても、サーバーの提供の仕方一つで、その味が20点になる場合もあるし、120点にもなります。

商品（料理）を引き立てる2つの鮮度

お客様は「おいしいものをおいしいうちに食べたい」と思っています。つまり「鮮度がいい状態で食べたい」ということです。

その鮮度は2種類あります。

1つ目は、一般的に理解されている鮮度です。「鮮度抜群！取れたての野菜」や「朝絞めの地鶏」のような「産地から店までの鮮度」で、流通経路が整備されている今日ではよく聞かれる「鮮度」です。

ここでは、この鮮度のことを【流通鮮度】と呼ぶことにします。

そして、僕はもう一つの鮮度があると思っています。それは、飲食店で発揮される鮮度。つまり、人間力によって発揮される鮮度ということです。ここでは【消費鮮度】と呼ぶことにします。

消費鮮度のポイントは料理を提供されるまでの時間ではなくて、お客様が召し上がるまでの時間です。

料理は出来上がったら急いで提供すればいいということではありません。なぜなら、お客様のテーブルの上に料理がたくさん並んでいる状態のときに料理を持っていっても、すぐには食べられないからです。

そうではなく、テーブル上の状況を把握して適切なタイミングで提供すれば、出来たての「鮮度のいい料理」をお客様が召し上がること

ができます。

「料理はお客様が召し上がって初めて完成品になる」

僕は常にそう思っています。厨房で料理の盛り付けが終わって、デシャップカウンターにアップされたときが「料理の完成」と思っていては駄目です。「何のために料理をつくっているのか」、それは「お客様においしく召し上がっていただくため」です。

料理はお客様が召し上がって初めて完成品になります。

例えば、一生懸命つくったアツアツの料理がデシャップカウンターの上に何かのミスで5分間放置されたら、冷めてしまっておいしくありません。つまり、お客様は見た目を評価するのではなく、食べたときに評価するのです。

●料理を提供するときの「お客様の心境のゴール」

★熱いうちに(冷たいうちに)早くこれを食べてみたい!
★皿を動かさなければならないというストレスを感じない!
★私のゲストに対する気遣いが感じられる!(ホスト側)

8 中間サービス

さまざまなケースを想定してルールをつくる

　店におけるお客様へのサービスとは、お客様に料理やドリンクを提供することですが、「中間サービス」とは、その合間に発生するサービスのことです。

　一例を挙げれば、「灰皿交換」「取り皿交換・追加」「お冷や・お茶のお代わり」「カトラリー補充」「おしぼり交換」「追加ドリンクサジェスチョン」「追加フードサジェスチョン」「中間バッシング」「料理の盛り直し」「料理の温め直し」「料理の再調理」等々。もっとたくさんのサービスが数え上げられるでしょう。

　ただし、中間サービスは業態や店によって差異が出てくる部分です。ですから、自分たちの店は中間サービスとして何をお客様に提供していくのかを明確にしましょう。

まず、自分たちの行動を見直しましょう。そしてルールを決めます。例えば灰皿交換に際して、灰皿に吸い殻が何本たまったら交換するのか。2本なのか3本なのか。これは吸い殻が何本たまったときに交換されるのが心地よいのか、たばこを吸うスタッフがいたら聞いてみましょう。
　他に、お冷やを補充するタイミングはいつがいいのか、とか。「お客様視線」というよりは「お客様として自分が経験すること」が大切です。これはすべてにおいて言えることです。
　料理を食べるときに水を飲みながら食べる人にとって、早めの補充がうれしいものです。しかしながら食事中に水を飲まない人もいます。
　このようにお客様は一人一人違います。ですから、自分が感じたものだけが正しいわけではありません。さまざまなケースを考えましょう。

お客様に気配りをして「サイン」を見逃さない

　中間サービスの内容が決まったら「実践」に入ります。
　とはいえ、中間サービスは実際に行わなくてもいいサービスが多いのです。料理の温め直しをされなくても、お客様は別に不満を感じません。だからこそ店の姿勢や考え方が問われます。「まさかここまでしてくれるとは」と、お客様の事前期待を超えるには打って付けのサービスなのです。中間サービスは行った方がお客様は喜んでくれるに違いありません。

　「わかっているけど、なかなかそこまで手が回らないんだよね……」

という中間サービスがしっかりできる店、サーバーはお客様に必ずいい印象を与えます。

　例えば「料理の盛り直し」は、そのいい例です。

　大皿で提供されたお刺し身の盛り合わせがあるとしましょう。

　お客様が召し上がっていくうちに、残り３切れぐらいになったとします。

　よくあるのが、そこでお客様皆さんが箸を止め、大皿のままテーブル上に残り続ける、という状態です。確かに、そのままにしていてもお客様は不満には思いませんし、それが当然だと思っています。そこで、お客様の期待を超えた中間サービスの盛り直しをします。

　すると、「えっ？　そこまでしてくるの？」と予想以上に喜んでくださるとともに、テーブル上がすっきりして他の料理の注文が入る可能性も出てきます。そして盛り直すと、新しい料理が来たような感覚になるので、そのままにしていたら表面が乾いてしまったかもしれないお刺し身をお客様は喜んで召し上がってくださいます。

　温かい料理を温め直して、再度提供するのも非常に効果的です。

　行わなくても営業に支障のない中間サービスをたくさん提供することで、いい意味で「お客様の予想を裏切る」ことができれば、顧客満足度は必ず向上します。

　そんな中間サービスは、能動的に行うことがポイントです。

　お客様にとって、お客様がサーバーに「お冷や入れて（補充して）ください」とお願いしてから補充される場合と、お客様がお願いする前にサーバーが「お冷や入れますね」と言って能動的に行うのでは、お客様に与える印象は全く異なります。

しかしながら忙しいときに、中間サービスを能動的にできないこともあります。そういうときは「お客様のサインを見逃さない」ようにしましょう。

何かサービスをしてもらいたいとき、お客様はサインを出しています。キョロキョロしていたり、目で訴えてきたりしています。

自分の担当のポイントで目配りをしていれば、その気配に気付くことができます。そしてその気配のするテーブルのお客様を見てみると、こちらから能動的に行うサービスは何かがわかります。

サービスをしているときに自分に余裕があるときは、能動的に目配りをしてテーブル上やお客様の表情を見ましょう。目配りが追い付かなくなったら気配りをしましょう。

お客様のテーブルの上で行わない

中間サービスを行うポイントは、お客様のテーブルの上で行わないこと。これは大切なマナーです。テーブルはお客様のスペースです。

例えば、お冷やをつぎ足すときは、ウオーターピッチャーからグラスに注ぐことをお客様の目の前で行わず、いったんグラスを自分の手元に入れて、テーブルから離れたところで行います。

また「お客様が滞在している時間内に何ができるのか」ということを明確にして、「何をやるのか？」「なぜやるのか？」ということをきちんと整理しておきましょう。

実際に中間サービスはやらなくてもいいことがたくさんあるので、「なぜやるのか？」がわかっていないと全員で行うことは難しくなります。また、オペレーション上で高いハードルを設定すると、いつの間

にかやらなくなってしまいます。

　ですから、中間サービスはチームサービスとして「必ずやるもの」と同時に「必ずできるもの」を整理しておき、「100％サービス」を決定します。そして、その100％サービスがしっかり提供できるようになったら、オペレーションのレベルを上げていけばいいのです。

　「新人ができない」というのは言い訳にすぎません。新人スタッフは先輩スタッフの背中を見て育ちます。ですから、新人は先輩が行っていることはやって当然だと思います。

　オペレーションのレベルが1〜10まであるとすると、最初に10を見た新人スタッフは10のレベルを当然と思い10を目指しますが、店で2のレベルまでしか行っていなかったら、どんなに有望なスタッフも2のレベルまでしか育ちません。ですから、少しずつでいいので、店のオペレーションレベルを上げ続けましょう。

●中間サービスの「お客様の心境のゴール」
★いつ行っても同じサービスをしてくれるなー
★言葉にしないニーズを読み取ってくれるとはさすがだ！

●お客様に喜んでいただくタイミング
　お客様に喜んでいただくためにターニングポイントとなる時間帯が、ファーストインプレッションのとき以外にもあります。

　お客様のご来店の目的は「飲食をするをこと」ですから、ご来店当初はスタッフや店の内装などに目が届かないものです。

　まず、お客様はメニューを見ます。その後、ご注文をして料理が出てくるまではお連れの方と会話をし、そのうちに飲み物や料理が出て

きてそれを召し上がります。ほとんどのお客様は、その料理を食べ終わるまでは料理や飲み物、お連れ様との会話に夢中です。

さて、料理も一通り食べ終わり、会話も落ち着いてきたぐらいのときが重要なポイントです。そのときに初めてお客様はゆっくりとスタッフや店全体を見ます。

お客様は当初の目的である料理、飲み物、会話を満たしており、お客様はそれ以外のものに気付くようになります。

ですから、そこでちょっと小粋なサービスがあったり、サーバーと心と心が触れ合う瞬間あると、お客様が感銘する度合いが増します。ピークタイム後が本当のゴールデンタイムなのです。

このことに気付いていないと、ただ時間だけが流れてしまいます。お客様が店内を見渡す余裕ができたときに、スタッフ同士が無駄話をしているところを目撃してしまう、という事態も起こりかねません。

5 サービスストーリーを明確にしよう

9 お会計

ご注文の内容を確認する最後のチャンス

　お客様が事前に想定している接客の中で、最後に行われるのが「お会計」です。このときに、お客様の店に対する印象の結果が決定付けられます。

　お会計のときは店をアピールする瞬間でもあり、これまでの間にミスがあった場合に謝罪する機会にもなりますので、単なる金銭の受け渡しではないことを認識しておきましょう。

　まず、お会計は金銭を扱うことなので、慎重に行って間違わないことが最優先されます。ですから、テーブル会計・レジ前での会計どちらのケースでも大切なことは、お客様が幾ら出したかをお客様の前でしっかりと確認することです。

忙しいときに起こり得る悪いケースは、例えばこんなことです。

テーブル会計の際、1万3300円のお会計を提示したとしてお客様が1万円札と千円札4枚で出してくださったときに、その場できちんと枚数を確認することを省き、レジに持って行き「あっ、数えたら千円札が3枚しかない！」という場合。

その後お客様に「1000円足りませんでした」と言いに行かなければなりませんが、お客様がそこで「いやいや絶対千円札4枚出したよ！」と言われてしまえばどうすることもできません。

お金に関してはお客様との関係性を一気に悪くしてしまう可能性があるので、お客様の目の前ですぐに一緒に確認することが大切です。

お札の数をきちんと数えることを行っていれば「金銭に対してしっかりしている店だな」と高評価をいただけることもあるでしょう。

ここまでのストーリーがどんなに良くても、お会計を間違えてしまっただけでお客様の印象は即座に悪くなります。逆もしかりで、ストーリー内でミスがありクレームになってしまったお客様でも、お会計時の応対によってはそのミスを帳消しにし、好印象に変わることもあります。ですから、お会計は店内のストーリーの中でも最も重要視しましょう。

接客を担当するスタッフとお会計をするスタッフが違うことも大いにあります。接客を担当したスタッフがそのままお会計を担当するならば、今までのストーリーを盛り立てるアクションができますが、別のスタッフがお会計を行った場合、今までのストーリーにミスがあったことがしっかりと共有されていないと、お客様は悪い印象を抱いたままお帰りになる可能性もあります。

もし、お会計までのストーリーに接客上のミスがあった場合は、その場で謝罪することが当たり前ですが、お会計時にもしっかりとおわびをしましょう。接客を担当したスタッフの本人が会計担当者に立ち会って謝罪をすることが理想ですが、それができないときはしっかりと会計担当者にミスの内容と対応した結果を伝えましょう。

　ミスをした当事者以外のスタッフから、あらためてミスに対する謝罪をされると、お客様は「しっかりと謝罪の心がある店だな」と感心してくださることもあります。お客様にこういう印象を抱いていただくためには、スタッフ間の日頃のコミュニケーションが充実していなければなりません。ですから、日頃から情報を共有することに努めましょう。

　とはいえ、現場の立場では忙しいときほどミスは起こりやすくて「情報を共有する余裕がない」「共有したくてもついつい忘れてしまう」という声が上がってきそうです。「ミスの情報を共有するのは当たり前」という考え方を浸透させましょう。

　とにかくお客様には、いい印象を抱いていただいて店を後にしていただきたいものです。

　お会計のときの表情は、入店のときと同様「愛嬌のある笑顔」であることが重要ですが、お金を手にした瞬間にニヤニヤしてしまっては不謹慎なことなので笑顔のタイミングには気を付けましょう。

　お会計は、お客様の本日のご注文内容を確認できる最後のチャンスです。そこで「ご注文の品をすべて確認していただき、さらにご注文した商品がきちんと提供できたかどうか」ということを、しっかりと確認しましょう。この確認をしないと「合計金額の似た他のテーブルの会計をしてしまう」という、あり得ないようなことが起こる場合もあります。お会計にはしっかりと心を添えましょう。

小銭、お札を渡す順番
お札をそろえる向きにも注意

　ここで現金会計の場合に、お客様がちょっと心地よくなるコツを紹介します。

　それは、お札の向きと小銭のタイミングです。マネートレーを使って席でのお会計の場合は難しいのですが、対面型のレジの場合にできる受け渡しのコツです。

　それは、お客様とのお金の受け渡しの流れを考えて渡すこと。例えば、お会計が6360円だったしします。会計金額を提示したら、お客様がまずお札入れから1万円札を取り出し、その後小銭入れを開け、五百円玉を出してきたとしましょう。通常お釣りをお渡しするときは大きい金額のお札からというセオリーがありますが、それに固執するのはナンセンスです。

　お客様は小銭入れを開けた状態でお会計を出してくださったのに、お札から渡したら、一度小銭入れを閉めてからお札を受け取り、お札入れにしまった後に小銭を受け取って、また小銭入れを開けて小銭のお釣りをしまう、という行動を取ることになります。

　さらに、大抵お札と一緒にレシートを渡すので、レシートはお札入れ以外の別のポケットに入れたいお客様にとって「この後小銭をいただくから急がなきゃ」と思い、慌ててお札をしまうことになります。

　ですから、お釣りを渡すときは「先に小銭のお返しから失礼します。140円と……（ここで小銭だからスッとお客様はしまえる）4000円のお返しです」となれば、スムーズにお釣りが渡せて、お札とレシートを分けてしまう余裕もお客様に与えられるわけです。

お金は何よりも大切に扱わなければなりません。ですからお釣りが出た場合、お札の向きをそろえてお返しし、そのお札の受け取り方でお客様の財布の中を理解することができます。

　財布の中のお札の向きをそろえることをポリシーとしている方がたくさんいます。そのような人の場合、お札がそろって渡されないと嫌な気分になります。

　ですから、お札のお釣りを渡すときに、まず肖像画が見えるようにそろえて渡します。

　そのとき、お客様が手前から受け取ろうとしたか、奥の方から受け取ろうとしたかで、そのお客様の財布の中のお札の向きがわかります。それを覚えておいて、次回お客様がいらしたときに手前から受け取れるように渡すと、お客様はちょっとした感動を覚えることでしょう。お札の向きをそろえるお客様はお金を大切に扱おうとしているので「その気持ちを理解してくれた」とお客様が感じたら「この店は自分と同じ価値観のしっかりした店だ」と安心してくださいます。

　このように、お客様は一人一人違う行動を取るので、それに臨機応変に対応をすることが重要です。お金の扱い方で店の品格が伝わります。その対応一つでプラスにもマイナスにもすぐに転じやすいお会計の重要性を、あらためて理解していただきたいものです。

お会計が立て込んできたらおおよその待ち時間を伝える

　クレジットカードを預かった際は処理のスピードを重視しましょう。クレジットカードを渡して5分でもカードが返ってこないとお客様は不

安になります。「スキミング作業されているんじゃないか?」などと悪い方に思いが募ります。

　通常のカード決済業務であれば1、2分あれば可能だと思いますが、お会計が重なったときなどは、お会計順番待ちと同時にお席で「会計よろしく!」とカードをいきなり渡されることもあるでしょう。予期せぬお会計ラッシュとなりますが、すぐに終わらせることができる現金会計を優先してカード会計を後回しにしてしまうケースが多くあります。

　そのようなことが予測されるときは「ただ今、お会計が立て込んでいますので、○○分ほどお時間いただきます」と一言伝えると、お客様の心境は不安から安心に好転します。

　ですからお会計でカードを扱うときは、お預かりしている合計時間を意識しましょう。

　ちなみに、レジの周りが汚い(伝票やメモが乱雑に置いてある)店は売上げが上がらない店といわれています。お客様はそれを見逃しません。お会計までにせっかくいいストーリーを築いてきたのに、最後で評価を下げてしまうと台無しなので、レジの周りはきれいな環境を保ち続けましょう。

●お会計の「お客様の心境のゴール」はこうなります。
★安心して利用できるお店だなー

10 お見送り

明日、誰かに言いたくなるような……

　「お見送り」は「＋α（アルファ）」の印象を抱いていただくための大きなチャンスです。ですから、軽視していては駄目です。

　しかしながら、多くの店舗は店内のオペレーションを心配して、入り口の付近まで行って「ありがとうございました」と笑顔で言うくらいではないでしょうか。

　レジ越しに「ありがとうございました」くらいしか言わない店もあります。これは非常にもったいないことです。

　「終わり良ければすべて良し」という言葉があるように、最後の印象はしっかりとお客様に残ります。

　例えばタクシーでも、雨の日に自動ドアで機械的にドアを開ける運転手さんもいれば、しっかりと後部座席の方に回って手でドアを開け

て傘を差して、お客様がぬれないようにしてくれる運転手さんもいます。運転中の印象が特になくても、そのようなドアサービスをされたらどんな人でも印象が良くなるのは言うまでもありません。これくらいお見送りには力があることを、スタッフ全員が認識しましょう。

では、どのようなお見送りが理想なのでしょうか。

キーワードは「明日、誰かに言いたくなるお見送り」です。

僕が以前聞いた話を紹介しましょう。

飲食ビルの４階にある店の店長の話です。

店長はお見送りのときにお客様をエレベーターホールまで先導し、エレベーターのボタンを押して、エレベーターが来るまでお客様とちょっとしたトークをします。

エレベーターのドアが開いたら、店長はエレベーターの中に先に入って１階のボタンを押して、全員が乗るまでドアを押さえています。

エレベーターにお客様全員が乗ったら店長は外に出て、ドアが閉まるまで頭を下げていて、エレベーターが下降を始めたら大声でエレベーターに向かって「ありがとうございました！」と言います（エレベーターの中のお客様には笑顔があふれます）。

そしてエレベーターが１階に着くと、先ほどまで４階にいたはずの店長が少し息を切らしながら下で待っています。

……この店長、すごくないですか。

そこであらためて店長から「ありがとうございます！」って言われたら……。驚きとともに、その店長の「お客様に喜んでもらいたい！」

という気持ちがお客様の印象に強烈に残るでしょう。

お見送りのシーンは
お客様以外の人も見ている

　お見送りを印象付けるためには、いろいろなアイデアがあるでしょう。お客様にお土産を差し上げるということもいいかと思いますが、基本的には0円でできることを考えましょう。それによって知恵の幅が広がっていき成長できます。

　ですから「0円のホスピタリティ」を考えて実践しましょう。

　お見送りの姿は、そのお客様だけではなくてたまたま通り掛かった近隣の住民の方も見ていますから、見せる意識とともに、見られている意識を持つことが大切です。

　絶対にやってはいけないお見送りは「ながら見送り」です。

　接客のどの場面でもそうですが、お釣りをレジにしまいながら目線も合わせずに「ありがとうございましたー」みたいなことでは気持ちが全く伝わりません。しっかり面と向かって「感謝の心」を伝えましょう。

　正面から深々とお辞儀をしながら「ありがとうございます！」と伝えるだけでも印象的です。

　忘れてはいけないことは、お見送りがその日そのお客様に感謝を伝えられる最後のシーンだということ。店にお越しいただけたことはかけがえのないことです。お見送りをおろそかにしている店は、いつの間にか「お客様が店に来て当たり前」と思ってしまっている可能性が大いにあります。

気持ちを込めたお見送りを最後の最後まで行いましょう。

●お見送りの「お客様の心境のゴール」
★お見送りが心に染み渡るなー
★つい「また来るよっ」って言ってしまった！

11 バッシング

片付けをしているときも
格好よく見えることを心掛ける

　お客様が退店された後に行うことは「バッシング」、つまりテーブルリセットです。
　ここで大切なポイントは「音を立てずに、両手で迅速に行う」ということです。特に個室ではない客席の場合は、隣のお客様への配慮が

必要です。

　例えば、隣のお客様が真横にいてまだ食事中であるにもかかわらず、残飯を1つの皿にまとめるなどの行為は絶対NGです。同じ料理を召し上がっているとして、隣の席でその料理が他の料理とまとめられて〝ぐっちゃぐちゃ〟になっているのを見てしまっては食欲はなくなってしまいます。

　個室の店では「声」です。個室ということで緊張感がなくなって、スタッフ同士で声のトーンを気にせず話しているケースもあります。「あー、こんなに残してるよー」とか。視覚は遮られていても聴覚を遮られないケースもありますので注意が必要です。

　さらにバッシングをする際、片付けながらも他のお客様からどうすればカッコよく見えるかも意識しましょう。お客様はスタッフが予想していない場面を見ているものです。こういった何げないシーンでのお客様の評価を大切にしているサーバーと、そうではないサーバーには雲泥の差があると言っても過言ではありません。

　いつでもお客様を魅了する意識を持つことで、自分自身のプライド形成をしていくことがサーバーとして一歩成長するための条件です。

●バッシングの「お客様の心境のゴール」はこうなります。
★テキパキと行動してさわやかだなー

12 お礼状
~終わらない喜びをつくるために~

お客様に自分の店を思い出してもらう仕組み

　僕の信条として「終わらない喜びをつくる」というものがあります。店にお客様がいる間は、お客様とコミュニケーションを取れる時間も多いし、店全体やスタッフのことを認識する時間が多いわけです。

　しかしながら、お客様がいざ店を出て、職場や自宅に帰ると現実世界に戻り、お客様は店のことを忘れてしまいます。

　だから「終わらない喜びをつくる」ことが大切なのです。

　それは「誰かに話したくなるような」接客です。職場や自宅でも「今日こんな店に行って、こんなサービスをしてもらったんだよー！」とか「あの店に行ったらこんなことがあって」のように、誰かに店の話をしたくなるようにすること。そうすれば、またそこに花が咲くわけです。

行った店の話題は、いい話題であったらそこに明るい空気が流れます。店でお客様に提供した「喜び」は伝染させることができるのです。誰かに話したくなるような、そんな体験を提供できれば、店にいらっしゃっていない方にも「喜び」を提供できるのです。
　こんな話題で盛り上がった人たちが「じゃあ今度行ってみようよ」となって、また来てくれたときに、前回担当したサーバーが友人をお連れしたお客様に「先日はいらっしゃっていただきありがとうございました」とあいさつをしたら、友人をお連れしたお客様も鼻高々となるでしょう。

　とはいうものの、お客様はなかなか再来店してくれません。
　覆面調査のデータによると、お客様が初めて行った店に対して「いい店だなー」と満足したとしても、またその店にはなかなか行かないそうです。
　その、行かない理由の第1位に驚かされます。
　行かない理由は「特にない」です。
　つまり、お客様は外食での楽しい経験を積んでいくと自分の行きつけの店ができるように、新たに行って満足した店に行く必要性は特にないのです。
　こういうことを克服するためには、お客様に「また来る理由」をしっかりと提供しなければなりません。
　それには、お客様に自分の店を思い出してもらう仕組みがあります。「お礼状」や「お礼の電話」がそれです。
　これらに気持ちを込めて行うと、お客様が抱く印象が変わります。

お礼の熱意はお客様にストレートに伝わる

　お礼状は、決まりきった内容を印刷して宛名を書いて送るだけの店もあれば、しっかり手書きの文面で送る店もあるでしょう。

　印刷されたお礼状であっても、ご縁があって人と人とが触れ合って生まれた関係性を大切に思い、心を込めたメッセージを添えましょう。

　例えば「この〇〇のお酒うまいねー！」と店で感想を言ってくださったお客様がいて、そのときの様子が書き込まれたお礼状が届いたら、お客様は大変うれしいものです。

　「本日はご来店ありがとうございます！　〇〇さんが〇〇のお酒を気に入っていただけたようでうれしいです！　他にも同じ酒蔵さんの〇〇という銘柄もあるのでぜひお試しくださいね！　それに合ったお料理もご用意してお待ちしておりますので、お時間あるときにぜひまたお越しください！」

　こんな具合です。その一文で、再び心と心が触れ合います。

　さらにそれが、店に行った次の日に届いていたらどうでしょう。「早い！」と思いながらうれしいのはもちろんです。

　僕はかつて、ご来店されたお客様にお礼状を早く届けたくて、いただいたお客様の名刺の住所を確認し、営業終了後にすぐにお礼状を書いて、ポストに出さず、そのままお勤め先のポストに入れたことがあって、そのお客様はその日の夜に再度ご来店されたという経験があります。「スピードは熱意の表れ」です。それはお客様にストレートに伝わります。

　宴会を入れてくださった幹事様に、宴会の翌日のお昼にお礼の電話を差し上げることも重要です。

お礼状を書きたくて個人情報をいただくことはなかなか難しいものです。でも、ご予約時にお客様のご連絡先は控えているので、そこにアプローチすればよいわけです。
　ご利用されたお客様へのアフターフォローをしっかりと行うことで、単なる一見さんから常連様への階段を上っていただきましょう。

●お礼状の「お客様の心境のゴール」
★お店のことを誰かに、つい話したくなる！
★アフターフォローがしっかりしていて、また行きたい！

第6章 僕の「秘密の感動ネタ」

「接客には答えがない」と言いましたが、ここで僕がこれまでに経験したお客様が「おっ!」と感動してくださった接客を紹介します。

お断りしておくと、これらは居酒屋業態での事例で、他の業態ではできない場合もあります。ただ、皆さんがこれらに近いシーンに出合った場合の参考になればと思います。

(1) 情熱のおしぼり

一般的におしぼりの温度は「温かいもの」と「冷たいもの」の2種類です。

僕の場合、サーバーを始めた当初、この2種類に「人肌の」を加えてお客様から大変ご好評をいただきました。これによって覆面調査で優秀な店になることができました。そしてさらにレパートリーは3種類増えて6種類になりました。その3種類とは「凍ったの」「熱過ぎるの」そして「情熱のおしぼり」です。

夏場の暑い日には、お客様は冷たいおしぼりを望まれます。そこで考えたのが「もっと冷たくていいんじゃないか」と。そこで「おしぼりを凍らせちゃえ!」ということでできたのが「凍ったの」です。

ガチガチに凍っていて釘が打てるくらいなので、このおしぼりは広げることができません。でも、このおしぼりは面白いし場が盛り上がります。

これでは手を拭けないので、さらに新しい「冷たいの」をご提供することになるのでコストが掛かりますが、それ以上の喜びを提供できます。
　「熱過ぎるの」は、美容室とか理髪店で使用されるようなアツアツのものです。年配の方には夏場の暑い日でも、持てないくらいアツアツのおしぼりを広げて顔に〝バサーッ！〟と載せる方もいます。常連様で「毎回このおしぼりがいいんだよねー！」と言う方もいます。つくり方は〝レンジでチン〟。これは美容室から学びました。
　極め付きは「情熱のおしぼり」。簡単に言うと、おしぼりに火が付いています。
　その仕掛けは、高濃度のアルコールを熱いおしぼりに振り掛けることで揮発したアルコール部分だけが燃えているので、おしぼりは一切焼けることなく焦げません（ですが、このサービスのための特殊な訓練を積んだ熟練のスタッフ以外はやらないようにしています）。

(2) グループ客の部下の人が
　　ドリンクを追加オーダーしたい空気を読む

　上司と部下で、飲食に来ているお客様が4名様でいらしたとします。
　4人とも仕事の話をずーっとしていました。テーブルの上を見ると、生ビールを飲んでいた4人の中で一番下の部下であると思われる人の生ビールがなくなっている、ということはよくある話です。
　僕はその部下の人は生ビールを追加したいのか、まだいいのかを、その人の目線で判断しています。
　部下の人の目線が自分の空になったグラスを経由して上司のグラス

に行き、また自分のグラスに戻った場合、その部下の人は「追加オーダーをしたいけど、どのタイミングですればいいかなー」と思っています。そのような場合、僕はその部下の人の視野に入るようにして、その人のアクションだけで追加オーダーを受けて、その場の空気を乱さないようにします。

その後、その部下の方から名刺交換をお願いされた、といううれしい経験もあります。

(3) グラスの傾き加減で 追加オーダーのタイミングを予測する

ドリンクを陶器のグラスで提供している店があります。陶器のグラスはガラス製とは異なり飲み物の残りの量がわかりにくいものです。

そこで僕は、お客様に「すみませーん」と言わせずに、スマートに「お代わりお持ちしますか？」と言いたいので、お客様の様子を注視します。それがグラスの傾きです。陶器のグラスでもドリンクの残りの量が減れば、傾き具合が大きくなります。

グラスの傾きをほぼ90度に上げた場合、大抵ドリンクの残りはゼロです。そして、お客様がそのグラスをテーブルに置いてスタッフを探そうとした瞬間に、そのお客様の視野に入って「お代わりですね」と尋ねるわけです。

この場合のポイントは、こちらから催促をするのではなく、お客様が追加オーダーをしたいタイミングを予測して行動を取ることです。先手の行動を取ることで、ゆとりを持ったサービスをすることができます。

(4)「とりあえずビール」を1秒で提供する技

　オフィス立地の居酒屋で、お客様の大半が男性のオフィスワーカーとなると、ドリンクの1杯目は大抵「とりあえずビール」です。

　僕は、そのような居酒屋で働いていたので「いかに早いタイミングで生ビールを提供するか」ということを常に考えていました。

　まず、ご来店された客層や人数を確認したら、ドリンク担当者はグラスを用意します。

　男性2人なら生ビールジョッキを2つ。男性2人、女性2人なら生ビールジョッキ3つとタンブラー2つ、梅酒のグラスを2つ……こんな具合です。

　このグラスを先読みして用意しておくかしないかで、数秒のタイムラグが発生してしまいます。ですから、僕はそこへ意識を集中させていました。

　これらの経験から、1秒で生ビールを提供する技ができました。

　それは、男性客のみのグループがドリンクメニューを開かずにフードメニューを開こうとした場合、ドリンクは生ビールと決めているからフードから選ぼうとしていると予想できます。そういう場面になったとき、ドリンク担当は人数分の生ビールをつくってしまいます。そして生ビールが出来上がったことをアイコンタクトでホールスタッフに伝え、ドリンクをお伺いすると「生4つ！（人数分）」となって、即、生ビール4杯を提供します。

　もちろん外れたこともあります。でも僕は、「お客様にこのようなサプライズを提供する意識を持ってほしい！」という思いがあり、スタッフ教育としての先行投資だと考えています。

(5) 箸が落ちた音で、新しい箸を用意する

　サーバーは目で仕事をすると同時に、耳でも仕事をすべきです。

　ホールにいてカランと箸が落ちた音がしたら、そのお客様の元へ向かうのではなく、新しい箸を取りに行きます。なぜなら、お客様の元へ行ってお客様にお願いされるのは「箸を落としちゃったから新しいのをください」と言われることが予想できるからです。

　先に新しい箸を持って、お客様の元へ向かえば、より速くお客様に箸を届けることができるのです。

　かつて、僕はこのような経験をしました。お客様の箸が床まで落ちたわけではないが、服の上に落ちたような音を自分の後方3mの距離で感じて、すかさず新しい箸を持ってその席に向かったところ、非常に感激してくださいました。

　その人は、ある大手焼酎メーカーの上層部の方で、僕のその対応を気に入ってくださり、その年に開催された同社の周年記念パーティにご招待いただきました。そして今でも懇意にしていただいています。

　箸一本から、さまざまなドラマが生まれます。

(6) 一歩深く「心が伝わる」ウエルカムカード

　ご予約のお客様のテーブルに、その人の名前を書いて「ご予約ありがとうございます」というカードを置いておくサービスがあります。これをさらに充実させたサービスの仕方を教えていただきました。

　それは、当日のオープン前までにご予約された方はもちろんのこと、「今から行きたいんだけど席空いてる？」と直前予約の人にもウエルカ

ムカードをご用意するということです。

　事前にフォーマットをつくっておき、名前だけ書けば完成するというウエルカムカードではなく、そのお電話からくみ取った情報をそのカードに書き加えることでお客様へのメッセージは一歩深くなり、喜びは飛躍的に高まります。

　ウエルカムカードは「心が伝わること」が重要です。

(7) 背筋を伸ばせば安心感をもたらす

　サーバーが忙しくなると、よく陥りがちな姿勢があります。それが背中を丸めてしまうこと。トレンチ（お盆）に料理やドリンクを載せたとき、安定感を保つためについつい膝を曲げ背中が猫背のようになってしまう方が結構います。そこで背筋を伸ばす意識を心掛けましょう。

　そうすると視野が広がり、自分自身にゆとりができると同時に、お客様にも「あのスタッフさんは忙しい中でもゆとりがありそうだから、注文しやすい感じだな」といった印象を与えます。

　忙しいときほど、背筋を伸ばす習慣をつけることで安心感を生みます。これは大切な心掛けです。

(8) お客様との共通点で親近感を抱いていただく

　お客様と会話をしていく中で、たまたま地元が同じだったり、好きな本が一緒だったりするとお客様との距離感が縮まり、親近感が湧くものです。

　人は誰かと共通の事柄を持つと敵意がなくなり、仲間意識を持ち始

めます。そこで僕は接客の武器として「共通点」というものを大切にしています。

　例えば、東京の路線図（特に店の最寄駅の路線）を頭に入れていて、その駅の近くの情報も覚えておきます。そこで、お客様との会話の中で最寄駅の話が出たときに「あー○○線の○○駅なんですねー！あの近くに○○なお店ありますよねー！」のようになると、お客様は一気に親近感を持ってくださいます。

　ニュースも毎日チェックしています。こうすると店以外の共通の話題で盛り上がることができるので、サーバーを一人の人物として認知してくださいます。そして、そのお客様と仲間のサーバーとトライアングルの関係を築くことで店のファンになっていただきます。

(9) 声の大きいお客様がいらっしゃったら……

　お酒が入ると大きな声を上げるお客様がいます。

　そういう人に「大変申し訳ないのですが、他のお客様の迷惑になりますので……」といきなり注意を促したりすると、お客様は無意識ですがこちらに敵意を抱かれます。

　僕の手法は、まず「仲良くなること」です。そのお客様が盛り上がっている話題の中に同じトーンで入っていきます。そして少しの間お話をして仲間意識を芽生えさせます。そしてお客様が心地よくなったところでお願いをします。

　「店のつくり上、声が通りやすくなっておりまして……店のせいなんですが、もう少しだけ声量を下げていただけるとうれしいのですが……」と。

ここでのポイントは「仲間意識があること」と「責任の所在をお客様ではなく店のせいにすること」です。お客様は自分に非がないので、話が伝わりやすくなります。

このような場合は、他のお客様に一言お断りをしておきます。

「いったん自分もその大きな声のお客様の輪の中に入りますが、ご了承ください」と。それがないと「何だ、あのスタッフはうるさい客と一緒に騒いでいるじゃないか！」と思われてしまいますから……。

⑽ 折り畳み傘のお客様へのサービス

突然雨が降った日に、折り畳み傘を持ってご来店されるお客様が多いものです。突然の雨なので、お客様が退店されるまでに雨がやむこともあります。ですから、お客様から折り畳み傘を預かったら、きれいに水滴を拭いて折り畳んで傘の柄の部分に縛ってあることの多い収納袋に丁寧に入れます。

そしてお帰りの際に雨が降っていないことを確認したら、収納袋に入れた折り畳み傘をお渡しします。

⑾ 「NO」と言わない、ただし「BEST」を紹介する

優しい日本人は、お客様から要求されると店のコンセプトを度外視した「NO」と言わないサービスをしてしまう場合があります。

例えば、居酒屋でお客様から「締めにラーメンちょうだい！」とお願いされたとします。しかし、店のメニューにラーメンはありません。ここで「NO」と言わない場合、何とかそれっぽいラーメンをつくろ

うとしますが、オペレーションも大きく崩れてしまいます（おいしいものがつくれるかもしれませんが）。

このように明らかに店に負荷が掛かる場合は、近くにあるおいしいラーメン屋さんを紹介します。そのお客様の本当の満足はおいしいラーメンを食べることですから。その方がかえって「気が利くね！」と言われるものです。

⑿ ラストオーダー後にお客様がご来店されたら……

フードメニューのラストオーダーの時間を過ぎてから、お客様にご来店していただける場合もあります。多くの飲食店では「すみません、もうラストオーダーが終わりまして……」と伝えていることでしょう。これでは店はすでに終了したようなニュアンスをお客様に与え、また店から拒絶されたようなイメージを与えます。

でも、まだ閉店時間ではありません。ですから、こう伝えます。

「ご来店ありがとうございます！　ご案内できます！　閉店までは30分ほどあるのですが、お食事のラストオーダーは終わってしまっていまして、今から調理できるものは限られてしまいますが、お出しできるものはお出ししますのでいかがですか？」

もちろん、30分ではもの足りないというお客様はご案内できませんが、「ちょうど1杯だけ飲もうと思ってたから、それでいいよ！　ありがとう！」となるケースも多々あります。

そういったお客様は帰り際に「今度はもうちょっと早い時間に来るね！」と言って、1カ月以内にまたご来店いただける確率はかなり高いのです。

ラストオーダー後でもご注文できるメニューリストをつくっておく、ということもよいでしょう。せっかく店のドアを開けてくださったお客様はとことん大切にしましょう。

⒀ 閉店後にお客様がご来店されたら……

僕が勤務していた店は23時30分閉店でした。閉店時間を知らずにそれより後にご来店されたお客様には、このように対応していました。

「ご来店ありがとうございます！ せっかくお越しいただいたのですが、あいにくすでに閉店の時間となりまして。もしよろしければ、まだ遅くまでやっている近くのお店をご紹介しましょうか？」

このように、僕は他のお店をご案内していました。「NO」と言わないサービスと同様に、そのときのお客様の要望は「飲みたい」です。ですから、そのお客様の今日１日がすてきに終えられるようにお手伝いをして差し上げましょう。

近隣の飲食店MAPをつくっておいて、お渡ししてもいいかもしれません。

店にいないお客様も大切にしましょう。

⒁ 「この料理まずい！」と言われたら……

お客様から「この料理まずいんだけど！」と言われたらどうしますか。

このような場合、まず謝罪をすることが重要です。なぜならその料理をつくったのは自分ではないですし、キッチンスタッフもすべて味

見をしているとは限りません。何かのミスで塩と砂糖を間違えて入れてしまった可能性もあるからです。

　100％正しい味で提供しているという確証がない場合、調理場で味の確認をするべきです。その結果次第で次の接客につなげましょう。

　それが正しい味付けだったとしても、お客様が「この料理まずいんだけど！」と言われたら「お客様にしっかりと味のイメージを伝えられていない店の責任だ」と考えるべきです。そのような発想をすることで後の成長が見込めます。

　いったん調理場へその料理を下げる前に、お客様に「どのようにおいしくなかったか」を手短に聞くことも肝心です。それによってお客様の嗜好が分かり、その後の対応の仕方につなげやすくなります。

　世界最大スーパーマーケットのウォルマートにはこんなポリシーがあります。

① **お客様は常に正しい**
② **もし、そう思わない場合は①に戻れ**

⒂ ジョッキの取っ手の向きの置き方

　お客様はジョッキの飲み物を受け取ってから、ジョッキの取っ手を無意識に自分が飲みやすい角度にします。右利きの方は右手前45度に向ける人が多く、左利きの人はその逆です。

　中には取っ手を反対方向に向けて、取っ手を持たずに直接ジョッキを持って飲む人もいます。そのようなお客様から「お代わり」のご注文をいただいたら、ご提供時にお客様が取っ手を向けていた角度にジョッキを置きます。

ジョッキのご提供の仕方について、店にはそれぞれルールがあるでしょう。例えばジョッキの角度はジョッキに描かれているロゴがお客様に見えるようにとか。最も多いのは右手前45度というものでしょう。しかし、僕はお客様のためを思ったらその場その場で変えてもいいと思います。
　そんなちょっとした思いやりをお客様は気付かないかもしれませんが、それが心地よいことと感じられることでしょう。

⒃ グラスは「下を持って、上に受け取る」

　ホールで働いていると、お客様から「これ下げて」と、グラスや皿を渡されることがあります。そんなときに僕が大切にしていることは、受け取るときに「下を持って、上に受け取る」ということです。

　グラスでも何でも、誰かに何かを渡すときに、どのタイミングで手を離していいか不安になるものです。早く離し過ぎたら、相手がつかんでいなくて落としてしまうんじゃないか、とか。

ですから、渡されたものがあったら、まずその下側を持って、少し上に上げるようにして受け取ると、お客様は渡そうとしていたものが、〝ふっ〟と軽くなるので、手を離していいタイミングがわかりやすくなり安心できます。だから「下を持って、上に受け取る」のです。

このような「ちょっとした心地よさ」をたくさん提供することが大切です。

⑰ カップル、ご接待の「お会計」は素早く

男女カップルやご接待で来ているお客様の場合、カップルの女性が、ご接待であればどちらかの方がお手洗いに行っている間に、お席に残っている方から「お会計」と言われたら、何よりも早くお会計を済ませるようにしましょう。

そのお客様のお考えは「相手に気付かれないうちにお会計を済ませておきたい」「相手に払わせることは絶対にしたくない」というものです。ですから、お手洗いに行った方がお席に戻られる前に、必ずお会計を終えて何事もなかったように澄ましていられるようにして差し上げます。

テーブル会計の店なら、お会計のレシートをお持ちすると同時に、予想できるであろうお釣りを準備してお席に向かいます。例えば8500円のお会計なら、あらかじめ1500円のお釣りを準備しておきます。ご接待なら領収書を切っておきます。そうすれば一往復分早くお会計を終わらせることができます。

「なぜ、このタイミングでお会計なのか」をよく考え、先読みして行動しましょう。

⒅ オーダーされていないのに 「○○がまだ来ない」と言われたら……

　店で働いていると、こういう場面に遭遇することがあるでしょう。
　（お客様）「すみませーん。頼んだ○○がまだ来ないんですけど……」と。
　そのときに想定されることは3つあります。
　1つ目は、実際にオーダーを受けて厨房にも伝えているけど、提供時間が遅れている。この場合、お客様にはしっかりと謝りましょう。そして、何分後に提供できるかを確認して、時間を伝えて、提供していいかどうかを確認しましょう。
　2つ目は、実際にオーダーは受けたけど、完全に自分のミスでオーダーを厨房に伝え忘れている。この場合「私が間違えてしまいました。申し訳ございません」と、とことん謝罪をしましょう。
　3つ目は、お客様から注文を受けていないことが明らかな場合、お客様自身が忘れているということ。
　このときのホールスタッフの心境は「あれっ、このテーブルの担当は自分だけだし、絶対に頼まれてないぞ」……。
　そこでつい言ってしまうのが、こんな言葉です。
　「いやっ、ご注文されていないと思います。ここの担当は僕だけなので、間違いないです」
　この言葉は確かに正論です。しかし、絶対にこのようなことを言ってはいけません。
　お客様とホールスタッフのゴールは、おいしい料理がお客様の元に届くことです。確かに、お客様のミスかもしれませんが、「あれっ」っ

て顔一つせずに「申し訳ございません。すぐに確認してまいります。○○でしたね？」という言葉で対応しましょう。

⑲ 会話の中に第三者を登場させてお客様を褒める

　すごくおしゃれでかっこいい時計をしているお客様がいらっしゃいます。そのようなお客様と会話をしているとき、率直に「その時計おしゃれ（かっこいい）ですね！」とお伝えしたくなりますが、そういう場合はこちら側にそのような意図がなくてもお世辞に聞こえてしまうようです。

　では、どうしたらよいのでしょうか。僕の場合は、会話に第三者を登場させます。

　「その時計、おしゃれですね（かっこいいですね）って他の方から言われてません？」

　このようにお伝えすると、お世辞を言われているような感じがなくなります。僕は、自分が思ったことがしっかりと相手に伝わることが大切だと思っているので、常にではありませんが、この言い方をすることにしています。

　実はお客さまも装飾品に自信を持っていらっしゃる場合が多いので、「そういえば確かに言われるかなー」という具合にこちら側の気持ちを受け止めてくださいます。

⑳ ご宴会様の満足度をとことん上げる方法

　宴会コースのお客様について。店の売上げを優先して考えてしまう

と、このような発想をしがちです。

「宴会って、決まった時間（2時間とか3時間）で高い客単価が取れて、事前準備もできるし最高だよね！」

確かに、宴会はそのような一面もあるでしょうが、ご宴会様こそ店のファンをつくる最高のチャンスの場です。

「1つの団体様の中に初めて店にくる方がいらっしゃって、なおかつ老若男女さまざまな方がいらっしゃいます。つまり、幅広い客層の方にうちの店を知っていただくチャンス！」です。

常連様も「俺が薦める、とっておきの場所だぞ！」と言って初めてのお客様を連れて来てくださいます。

そう考えると、いかにご宴会様の満足度を上げるかが大切になってきます。

でも、売上げがメインの発想に立つと「速く回転させよう」と思って、宴会の中の代表の方が今年最後の締めの一言を言っているにもかかわらず「空いたお皿お下げしまーす」などと大きな声で、ずかずかと宴会席の中に入り込んでしまったりします。

「おいおい、そのタイミングで来ないでほしかった……」と思っているお客様もいるかもしれません。

ご宴会様の満足度を上げるキーポイントを、ここでは「人」を対象にして考えてみます。

ご宴会のお客様のそれぞれのポジショニングは大きく分けて4つあります。

① **幹事様**
② **主賓**

③ オピニオンリーダー
④ その他

　①の「幹事様」は、ご予約をいただいたり、当日のまとめ役をしている方です。会社の部署内では基本的に若い人の役割です。

　②の「主賓」は、歓送迎会だったら「迎えられる人」「送られる人」です。忘年会だったら、その「組織・チームの長」です。これらの方は、大抵一番の上座に座っています。年配の男性の場合は、両脇にきれいな女性が座っています。

　そして③の「オピニオンリーダー」がキーパーソンとなります。詳しくは後で述べます。

　④の「その他」の方は①～③以外の方ということです。

　ご宴会の満足度は、ご入店～ファーストドリンクまでに、いかに①～④を見抜けるかが大きな決め手となります。そして見抜いたら、①～③の方へファーストコンタクトします。

　①の「幹事様」には、自分が担当であることを伝え自己紹介します。大抵若い方や物腰の柔らかい方が幹事様なので、「どのような趣旨の宴会なのか」が聞きやすいのです。

　②の「主賓」の方には、しっかりとした対応をしましょう。最初にドリンクをお伺いしてもいいでしょう。いずれにしろ最初に提供するのはこの方です。

　③の「オピニオンリーダー」とは、その場の空気をつくる人です。幹事様でも主賓でもないけれど、発言が多かったり、一言で流れを持っていく人です。乾杯のときの存在感で判明できるでしょう。幹事様・主賓とかぶっているときもあるので気を付けます。

　このような「人」にアプローチが必要なので、宴会が始まる前から、

しっかり愛嬌のある表情、しぐさ、行動でお客様との距離を縮めておくようにしましょう。

「乾杯のご発声」のとき、そこだけＢＧＭを消していいかもしれません。

オピニオンリーダーとの距離が縮まっていると、いいことがたくさん起きます。

例えば、ドリンクのラストオーダー時。「幹事様」にそのことを伝えても、基本的には若い方が多いので、大きな声で「皆さーんラストオーダーでーす！」って言っても、大半の人の耳には届かないことがあります。

しかしながら、オピニオンリーダーにラストオーダーを伝えると、「おいっ！　みんな！　ラストオーダーだ！　何にする？」と、全員に伝わる声で伝えてくれます。

そこで、あなたは一言こう言いましょう。

「すぐには決められないと思うので、また２、３分したら伺いに来ますね！」

そうすれば「わかってるねー、君！」と言われ、その方の記憶に残り、頼りにされるようになります。

このように、ご宴会様は会場の空気を読むことが重要な仕事であり、またそれが成功すると、リピーターをもたらす大きなチャンスとなるのです。

――以上が、僕の「秘密の感動ネタ」集です。

これらは、接客シーンの一つ一つを深く考察した結果生まれました。接客の１シーンのそれぞれを「何でだろう」と常に疑問を持ち、振り

返りを続けてきたことが今の自分を形成していると思っています。
　「もっといい対応の仕方はなかったのか？」と常に自分に問い続けることが、あなたに成長をもたらし、あなたらしい接客スタイルが必ず見つかります。

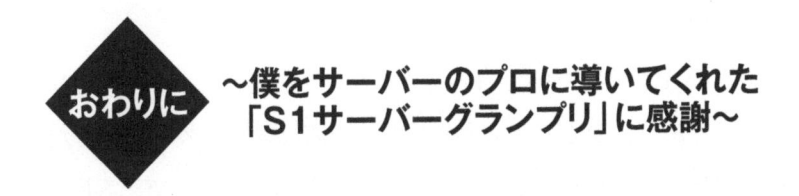

◆ **おわりに** ～僕をサーバーのプロに導いてくれた「S1サーバーグランプリ」に感謝～

僕が飲食業界に就職した理由

2005年の春。大学4年生を迎えた僕は、自分は何を仕事として生きていくのかを考えていました。

友人たちが続々と大手企業の内定が決まっていく中で、僕も就活(就職活動)をしていました。

僕が求めていた就職の場は「伝える仕事の中で自分を成長させる」ということでした。そして僕は広告代理店を目指そうと思いました。朝出社して夕方まで働くオフィスワーカーになるということを、無意識のうちに決め込んでいました。そして、広告代理店から内定をいただきました。

しかし、自分は飲食業界への就職を望んでいるということに気付きました。

当時アルバイトをしていた居酒屋「とり鉄 浜松町店」が僕の就職についての考え方に大きな転機を与えてくれたのです。

大学4年生の僕は、卒業までに必要な単位をほとんど取り終えていたので、毎日のようにとり鉄にいました。そこにいてスタッフの仲間たちと「店の成長」や「お客様満足」について「考え」「話し合い」「改善する」ということを行っていました。そして、接客することがとても

楽しい毎日でした。

　そして、喜んでいただいたお客様がリピートしてくださり、そのリピート率はどんどん上がっていきました。同店はオフィス立地だったので日曜定休日でしたが、それでも70席で月商1000万円を超える月もありました。

　当時「目の前にいる人に喜んでいただきたい」と思って、さまざまなアクションにチャレンジしていた僕のことを、当時の店長の鈴木厚志とマネージャーの吉岡貴彦が認めてくれたことも偉大です。

　この2人の上司は仕事を本当に楽しんでいました。その様子が当時の僕にとって、とても斬新でした。

　そのような日々の中で、僕の中に一つの答えが見つかりました。

　「飲食店ほど、人として大切な『ホスピタリティの心』が磨かれるステージはないのではないか？」

　「飲食店ほど、自分の存在をお客様にダイレクトに伝えられる仕事はないのではないか？」

　「伝える仕事の中で自分を成長させる」ということを志して広告代理店への就職を決めていた僕は、誰にアドバイスを求めるのではなく今後の自分について考えました。

　そこで見出した答えが「飲食店で日々、最終消費者に触れ、仲間に触れて、今大切に思っていることを伝えていこう」ということ。「伝える相手がより近い飲食店こそが自分の居場所である」と考えるようになりました。

　飲食業界の魅力について、この他にどんどん気付いていきました。

　「今後大切になっていくであろう『食』に携わることができる」

「若いメンバーの仲間たちに、学校では学べない考え方などを伝えることができる」
「日々新しいことと出合う刺激的な環境である」
「ホスピタリティの仕事である」……

こうして僕は、広告代理店の内定をけって、意気揚々と飲食業界の門をたたきました。

僕は2006年4月に飲食業の㈱マックス・コーポレーションに入社して、同社の店で学生時代にアルバイトをしていた「とり鉄 浜松町店」に配属されました。
朝から晩まで毎日店に立ち続け、じかにお客様の喜びに触れる毎日の中で「僕はこの仕事を選んで間違っていなかった！」と実感していました。その中で大切にしていたのは「自分の出せるすべての力を振り絞ってお客様を喜ばせよう！」ということでした。
そして、この業界でしっかりとしたプロになろうと思うようになりました。

僕は、プロとは常にフルパフォーマンス（最大限の力を発揮する）をする人だと考えています。
プロスポーツの世界で例えるならば、プロは試合に向けて体と頭を調整し、試合では常にフルパフォーマンスを披露します。そして、観客を魅了し子供たちに夢を与えています。
飲食店でも同じことです。
僕らの試合は店の開店から閉店までの営業中です。ですから僕は営

業中、常にフルパフォーマンスでお客様の喜びを追求していました。
　そう考えると、店の中では気を抜く暇はありません。これによって毎日自分が磨かれていきます。
　僕の場合、このような意識で最初3カ月間臨んだところ、以前の自分とは比べものにならないほど成長していることを実感しました。
　最初から「1人でお客様を喜ばせよう」などとは思っていませんでしたが「自分がやらなきゃ！」という気持ちがあったのは事実です。
　そして「自分がやらなきゃ！」と思ってともに動く仲間がいれば、その力は掛け算になって増えていくことに僕は気付きました。調理をしてくれている仲間がいて、ドリンクをつくる仲間がいるからこそ、自分はホールで最大限にお客様に接することができるということです。
　そして「接客は個人戦ではない。チームプレーだ」ということを認識しました。

　そんな中、第2回「S1サーバーグランプリ」（以下、S1）のお話をいただきました。

サーバーの仕事の素晴らしさを
たくさんの人に知っていただくために

　初めて僕がS1のお話を聞いたときに「接客の個人大会」としか思っていませんでした。
　第1回S1のグランプリは「オリエンタルヌーク南一条店」（札幌市）の佐々木尚美さんで、当時僕が所属していた店の親会社の方だったので、S1についての大まかな情報を入手していました。

僕はちょうどその頃、「原始炭焼 いろり家 東銀座店」の立ち上げ店長として働いていて、接客の個人技よりも「店舗力・チーム力」を重視しました。ですから、第２回Ｓ１にはエントリーしませんでした。

僕はいろり家でたくさんの気付きを得ていました。同店でなぜ気付きをたくさん得られたのか。それは代表である遠藤充師社長が、店の運営を僕に一任してくださったことが大きいのです。僕も「その期待に応えたい！」「その期待を超えていきたい！」と素直に思いました。

僕は、責任感を感じながらも、お客様満足の新しい試みに何度もトライしました。任せてもらえることに充実感を感じていた僕は、店のスタッフにも自由度を与えることに抵抗感はありませんでした。店のスタッフに「お客様に喜んでいただけると思った行動なら何をしてもいい！　みんなに任せる！」というスタンスで対応しました。

スタッフも生き生きとしている僕を見ているので、生き生きと働きます。そして若いスタッフから新しい接客が生まれます。それがいいスパイラルとなって店に明るい空気が漂います。

人に喜んでいただく行動からはプラスの感情や空気が生まれます。ですから、どんどんいい接客が生まれていきました。気が付くと、いろり家東銀座店は顧客満足度覆面調査１年間平均得点が195.1点（200点満点）という驚異的な数値をたたき出す店に成長しました。

ここでもし遠藤社長が僕の行動にブレーキをかけてしまっていたら、この成果は生まれなかったと思います。遠藤社長に信じてもらえたからこそ、僕もすべてを信じられました。信じて任せてくれた遠藤社長には今でも感謝しています。

いろり家のオープンから半年がたち、店の店舗力・チーム力も上

がってきて、店には一生懸命に頑張るサーバーがたくさん育っていきました。

そんな中、第3回S1のお話を再びいただきました。そのとき、第2回のときにはなかった感情を抱きました。
第2回のときは「自分が」「自分たちが」といった具合に内側にベクトルが向いていましたが、第3回のお話のときは「この仕事の素晴らしさを、たくさんの人に知ってもらいたい！」という思いに変わっていました。
そのときに思ったのは「全国には何十万人というサーバーがいる。しかし、サーバーの仕事の魅力に気付いていない人が大多数なんじゃないか？」ということでした。
「実際自分もそうだったし、そんなんじゃもったいない！」
「僕が全国の人に、その良さを伝え続ける！」
このように機運が高まっていきました。
そして、第3回S1にエントリーしました。「さー何でも来い！」という気持ちでいるので、自信満々でした。
1次予選も勢いのまま満点で通過して、関東決勝までトントン拍子で勝ち進んでいきました。
「おおー、やっぱりいける！　このまま全国大会だ！」
こんな具合に上り調子にありました。
そして迎えた関東決勝大会、今でも忘れません。2007年12月の寒い日、西新宿の会場でした。
結果、僕は2位で負けました。
そのときに優勝した「東洋酒家」（前橋市）の三宅裕子さんは本当

に素晴らしいサーバーでした。

　三宅さんは勢いだけの僕とは違いました。立ち居振る舞いから言葉遣い、表情、サーバーの仕事への思いのすべてが輝いていました。すべてにおいて僕は自分の力不足を感じました。

　だからこそ、僕は三宅さんの全国行きを素直に喜べました。

　その負けた日も、現場にすぐ戻って営業をしたのですが、その中でお客様からねぎらいのお言葉を頂戴しました。本当にありがたく思いました。絶対この方々のためにも「来年また頑張ろう！」という気持ちになりました。

　そして、僕は第４回Ｓ１で優勝することができました。これまでのおごりを捨てて、サーバーとしての基礎から勉強をやり直した成果であったと振り返ります。

仲間にとっても素晴らしいサーバーになろう

　僕はサーバーとしてお客様に喜んでいただくことを考えてきて「サービスは単方向」「接客は双方向」ということに気付いてきました。

　サーバーは特にこの「接客」を磨く必要があります。

　「サービス」は一般的な顧客心理を考えれば、そのシーンにふさわしい答えを導き出すことができますが、「接客」に正解はありません。なぜなら、お客様一人一人は全く同じ条件の店でも違う心理状態にあるし、同じお客様でも昨日と今日では異なります。だから「こういうときはこうだ！」という明確な答えがないのです。

そして、この正解がないことに取り組むことがサーバーという仕事の醍醐味です。
　サーバーは毎日リアルタイムで変わるお客様と向き合うことができる仕事だからこそ、お客様に感動していただける接客ができたときに得られる自分の喜びも大きいものです。
　お客様に仕える「仕事」から、僕らの志す「お客様に喜びを届けて、心地よいすてきな時間を過ごしてもらう」という「志事」をしていきましょう。
　そして、こんなリアルにお客様と向き合う仕事をできていることを誇りに思いましょう。
　僕らの居場所をつくり出してくれるのがお客様です。だからこそ、お客様を大切にしましょう。

　この本の最後にお伝えしたいことがあります。
　より良いサーバーになるためには、お客様にとって素晴らしいサーバーであることはもちろんのこと、仲間にとっても素晴らしいサーバーになりましょう。
　飲食店では仲間と1日の大半の時間をともにします。この仲間をまず喜ばせることができない人は、サーバーの基本であるホスピタリティを持ち合わせていません。
　繰り返しますが、店は1人で営業できません。常に店を支えてくれている人たちがいます。それは業者様であり地域の方々であり、そしてともに働く仲間です。そういった方々に感謝の心を持ちながら、太陽のような明るさでたくさんの喜びの輪を自分の周りに広げてほしいと思います。

これまでに長い年月をかけてサーバーの世界を築き上げてくれた先輩方に敬意を表しながら、新時代のサービスと接客をつくっていきましょう。

2012年 2月 吉日

布施　知浩

> ●Ｓ１サーバーグランプリ
> 　「あの店に行けばあの人に逢える」──お客様からそのように思っていただけるサーバー日本一を選出する大会。NPO法人繁盛店への道の主催で、2006年4月に第1回が開催された。全国9地区で予選が行われ、エントリーをしてから「1次審査」→「2次審査」→「地区大会」→「全国大会」と4段階のステップを踏む。「全国大会」では全国の地区大会を勝ち抜いた精鋭10人により規定審査・自由審査を実施し、会場票・審査員票の合計得点によって日本一が決定される。ちなみに2012年3月29日開催予定の第7回Ｓ１サーバーグランプリでは718人がエントリーした。

著者略歴

布施 知浩
（ふせ ともひろ）

1983年7月生まれ。埼玉県所沢市で生まれ、福島県白河市で育つ。
2006年3月、青山学院大学卒業。
06年4月、(株)マックス・コーポレーションに入社、「とり鉄 浜松町店」店長代理就任。
06年11月、「原始炭焼 いろり家 東銀座店」立ち上げ店長担当。
07年12月、「第3回S1サーバーグランプリ」関東地区2位。
08年8月、「第3回居酒屋甲子園」全国ベスト6。
09年3月、「第4回S1サーバーグランプリ」優勝。
09年8月、「第4回居酒屋甲子園」全国ベスト6。
　S1サーバーグランプリ優勝後、体系化された接客理論が時代とマッチしていると評判を呼び、全国で講演会やセミナーを開催。
　2011年初頭に(株)マックス・コーポレーションを退社後、開業準備をしながらコンサルティング活動を開始。従業員の入り時間から退社時間まで〝現場で同じ空気を吸い、飯を食うコンサルティング〟を展開。企業や店にカスタマイズを施し、企業内においてサーバー育成塾を開催し、次世代のサービスマン育成と顧客満足度向上をサーバーの力によってシステム化することを提案している。
　S1サーバーグランプリ関東支部。STI（スーパー店長育成会）代表。

また会いたくなる サービスと接客の極意

2012年3月1日　初版第1刷発行
2019年3月22日　　　第4刷発行

著　　者／布施知浩
発　行　人／中嶋正樹
発　行　所／株式会社商業界
　　　　　〒106-8636　東京都港区麻布台2-4-9
　　　　　☎03-3224-7478（販売部）https://www.shogyokai.co.jp
　　　　　振替口座　00160-6-4018
印刷・製本／小野高速印刷株式会社
装　　丁／大森一郎

©Tomohiro Fuse　2012
ISBN978-4-7855-0420-5 C0063 Printed in JAPAN
本書の無断複写複製（コピー）は、特定の場合を除き著作権者・出版社の権利侵害になります。
よって、購入者以外の第三者による本書のいかなる電子複製も一切認めておりません。